KÖNIGS ERLÄUTERUNGEN

Band 288

CW01432768

Textanalyse und Interpretation zu

Thomas Mann

TONIO KRÖGER

MARIO UND DER ZAUBERER

Wilhelm Große

Alle erforderlichen Infos für Abitur, Matura, Klausur und Referat
plus Musteraufgaben mit Lösungsansätzen

Zitierte Ausgabe:
Mann, Thomas: *Tonio Kröger / Mario und der Zauberer.* Frankfurt am Main:
Fischer Taschenbuch Verlag, [45]2010

Über den Autor dieser Erläuterung:
Dr. Wilhelm Große: Studium der Germanistik, Philosophie und Pädagogik
an der Ruhr-Universität Bochum; Tätigkeit im Schuldienst, in der Lehreraus-
bildung und -fortbildung; Lehrbeauftragter an der Trierer Universität im
Bereich Literaturdidaktik; zahlreiche Publikationen zur deutschsprachigen
Literatur vom 18. bis zum 20. Jahrhundert; literaturdidaktische Beiträge.

2. Auflage 2012
ISBN 978-3-8044-1920-9

© 2000, 2010 by C. Bange Verlag, 96142 Hollfeld
Alle Rechte vorbehalten!
Titelbild: Nadja Tiller und Jean-Claude Brialy im Film *Tonio Kröger* (1964),
© ullstein bild
Druck und Weiterverarbeitung: Tiskárna Akcent, Vimperk

1 SCHNELL-
   ÜBERSICHT

2 THOMAS MANN:
   LEBEN UND WERK

3 TONIO KRÖGER
   TEXTANALYSE UND -INTERPRETATION

1. DAS WICHTIGSTE AUF EINEN BLICK – SCHNELLÜBERSICHT

Damit sich jeder Leser in unserem Band rasch zurechtfindet und das für ihn Interessante gleich entdeckt, hier eine Übersicht.

Im 2. Kapitel beschreiben wir **Thomas Manns Leben** und stellen den **zeitgeschichtlichen Hintergrund** dar:

⇨ S. 12 ff.
→ Thomas Mann lebte von **1875 bis 1955**. Geboren in **Lübeck**, hielt er sich dort, dann auch in **München** und bedingt durch die Machtergreifung der Nationalsozialisten, in den **USA** auf. 1952 kehrte er nach Europa zurück und siedelte in die **Schweiz** über.

→ *Tonio Kröger* ist **1903 erschienen**, *Mario und der Zauberer* **1930**.

⇨ S. 16 ff.
→ Der zeitgeschichtliche Hintergrund ist für das Leben und für das Verständnis des Werkes von Thomas Mann ausgesprochen wichtig, darum geben wir in einem weiteren Teil eine Übersicht über wichtige zeitgeschichtliche Ereignisse und über einige jener Werke von Thomas Mann, die er zwischen *Tonio Kröger* und *Mario und der Zauberer* verfasst.

Im **3. Kapitel** bieten wir eine **Textanalyse und -interpretation der Erzählung** *Tonio Kröger*.

Tonio Kröger – Entstehung und Quellen:

⇨ S. 21 ff.
Zunächst geben wir anhand von Äußerungen Thomas Manns einen Einblick in die **Entstehungsgeschichte**. So wird deutlich, wie stark in der Erzählung Erlebnisse des Autors verarbeitet werden.

Inhalt:

Die Erzählung ist in neun Kapitel unterteilt und beginnt mit **zwei kurzen Episoden** aus der Jugendzeit Tonio Krögers, die das **Außenseitertum** des sensiblen, künstlerisch veranlagten Jungen und seine Sehnsucht nach der Welt des Ordentlichen, Gewöhnlichen und Lebenstüchtigen illustrieren. Der 14-Jährige liebt den blonden, blauäugigen, unkomplizierten Hans Hansen, als 16-Jähriger verliebt er sich während der Tanzstunde in die blonde, blauäugige, lustige Ingeborg Holm, ohne allerdings den Versuch einer Annäherung zu machen. Das folgende Kapitel schildert knapp den **Werdegang des Literaten** Tonio Kröger, der sich asketisch allein der Arbeit widmet. Im Gespräch mit Lisaweta Iwanowna formuliert er dann seine Kunsttheorie. Zugleich artikuliert Kröger jedoch seine Erkenntnisse über die **Problematik der künstlerischen Existenz** und die heimliche Sehnsucht „nach den Wonnen der Gewöhnlichkeit" (S. 38), so dass ihn die Malerin zu Recht einen „Bürger auf Irrwegen", einen „verirrten Bürger" nennt (S. 41). Eine Reise in den heimatlichen Norden hebt die Problematik der Außenseiterposition zwar nicht auf – in seiner Heimatstadt wird er beinahe als Hochstapler verhaftet, in Dänemark spiegelt ein Tanzfest seine verfehlten Beziehungen zu Hans Hansen und Ingeborg Holm wider –, doch im abschließenden Brief an die Malerin wird **eine neue künstlerische Haltung sichtbar**, die seine „Bürgerliebe zum Menschlichen, Lebendigen und Gewöhnlichen" (S. 73) proklamiert.

⇨ S. 25 ff.

Chronologie und Schauplätze:

Die Handlung erstreckt sich über etwas mehr als 16 Jahre, denn zu Beginn ist Tonio 14, später ist davon die Rede, dass er „jenseits der Dreißig" (S. 28) sei. Die Handlungsorte sind Lübeck, München und Dänemark.

⇨ S. 37 ff.

1 SCHNELL-
ÜBERSICHT

2 THOMAS MANN:
LEBEN UND WERK

3 TONIO KRÖGER
TEXTANALYSE UND -INTERPRETATION

Personen:

Im Mittelpunkt steht

⇨ S. 47 ff.

Tonio Kröger:
→ Künstler, Schriftsteller
→ der Außergewöhnliche, der Außenseiter
→ sehnt sich nach der Welt des Ordentlichen, Gewöhnlichen

Alle weiteren Personen sind ihm funktional nach dem
Antagonismus von Kunst und Leben zugeordnet.

⇨ S. 45 f.

Die Blonden und Blauäugigen:
sind unproblematisch dem Leben gegenüber eingestellt
→ Hans Hansen
→ Ingeborg Holm
→ Tonios Vater

⇨ S. 45 f.

Die Künstlerfiguren:
→ Lisaweta Iwanowna, Künstlerin, Malerin
→ Tonios Mutter
→ der Tanzlehrer Knaak
→ ein junger Kaufmann
→ ein Leutnant
→ Adalbert, der Caféhausliterat

⇨ S. 45 f.

Die Lebensuntüchtigen:
→ Magdalena Vermehren
→ das blasse Mädchen

4 MARIO UND DER ZAUBERER
TEXTANALYSE UND -INTERPRETATION

5 REZEPTIONS-
GESCHICHTE

6 MATERIALIEN

7 PRÜFUNGS-
AUFGABEN

Stil und Sprache Manns:

→ Leitmotivtechnik zur Verdeutlichung des Antagonismus ⇨ S. 61 ff.
   von Kunst und Leben in der Novelle
→ Ironie als Stilprinzip ⇨ S. 63

Verschiedene Interpretationsansätze bieten sich an:

→ *Tonio Kröger* als Künstlernovelle ⇨ S. 65
→ das Verhältnis der Bürger und Künstler zueinander ⇨ S. 65 ff.
→ die Entwicklung Tonios als Künstler ⇨ S. 68 ff.
→ die Verbindung von Kunst, Leben und Ironie in der Erzählung ⇨ S. 71 ff.

Im **4. Kapitel** bieten wir eine **Textanalyse und -interpretation der Erzählung *Mario und der Zauberer***.

Mario und der Zauberer – Entstehung und Quellen:

Da die Novelle wie *Tonio Kröger* zu einem nicht geringen Teil auf ⇨ S. 75 ff.
Erlebnissen der Familie Mann während zweier Italienaufenthalte
fußt, geben wir zunächst einige Briefauszüge wieder und komplet-
tieren diese durch eine Selbstäußerung Thomas Manns aus seinem
autobiografischen Text *On Myself*, wo er sich kurz über die Entstehung der Novelle äußert.

Inhalt:

In der Novelle wird die **Geschichte eines Badeurlaubs** erzählt, der ⇨ S. 79 ff.
zu Beginn zunächst durch eine schlechte Unterkunft, später vom
latent fremdenfeindlichen Betragen der italienischen Badegäste
empfindlich gestört wird. Dennoch reist man nicht ab. Die Handlung spitzt sich zu, als der **Zauberer Cipolla** auftritt, der in seiner
Person das „eigentümlich Bösartige der Stimmung" (S. 74) zum
Ausdruck bringt. Cipolla ist ein hässlicher, zudem kranker Mann,

dem es aber durch eine gewaltige Willensanstrengung gelingt, stark zu sein und durch **seine hypnotischen Fähigkeiten** italienische wie deutsche Feriengäste in seinen Bann zu ziehen. Auch der Erzähler kann sich teilweise der Macht seiner Persönlichkeit nicht entziehen. Er ist dann einer, der gegenüber dem Leben zu kurz gekommen ist und sich nun am Leben rächt. Erst die ausdrücklich als Befreiung empfundene Tat eines tief verletzten Menschen vermag die suggestive Wirkung dieses Psychologen zu durchbrechen. **Der hypnotisierte Kellner Mario küsst den Zauberer**, weil er glaubt, seine Freundin vor sich zu haben, und erschießt ihn, als er erkennt, was er getan hat.

Chronologie und Schauplätze:

⇨ S. 91 ff. Die Novelle spielt während eines kurzen Badeaufenthaltes in dem italienischen Badeort Torre di Venere am Tyrrhenischen Meer.

Personen:

Die Hauptpersonen sind

⇨ S. 97 f. **Mario:**
→ ein junger schwermütiger Mann

⇨ S. 99 **der Ich-Erzähler:**
→ hebt sich durch seine reflektierte Haltung von den anderen Urlaubern ab

⇨ S. 99 ff. **Cipolla:**
→ Zauberer, Hypnotiseur bzw. Künstler

4 MARIO UND DER ZAUBERER
   TEXTANALYSE UND -INTERPRETATION

5 REZEPTIONS-
   GESCHICHTE

6 MATERIALIEN

7 PRÜFUNGS-
   AUFGABEN

Stil und Sprache Manns:

→ unprätentiöse Sprache mit Nähe zur Mündlichkeit
→ im Stil der Erzählung ist die politische Bedeutung des
   Erzählten zu erkennen

Verschiedene Interpretationsansätze bieten sich an:

Sie alle kreisen um die Frage nach der **politischen Lesart der Novelle**, kann man doch den Zauberer, gerade in der Endphase der Weimarer Republik und zur Zeit des italienischen Faschismus Mussolinis, als politische Führerfigur, als Massenverführer verstehen.

⇨ S. 111 ff.

2.1 Biografie

Thomas Mann
(1875–1955)
© ullstein bild –
Imagno

2. THOMAS MANN: LEBEN UND WERK

2.1 Biografie

JAHR	ORT	EREIGNIS	ALTER
1875	Lübeck	Am 6. Juni wird Thomas Mann als zweiter Sohn des Kaufmanns und niederländischen Konsuls Johann Heinrich Mann und seiner Frau Julia, geb. da Silva-Bruhns, in Lübeck geboren.	
1877	Lübeck	Der Vater von Thomas Mann wird in den Lübecker Senat gewählt.	2
1882	Lübeck	Besuch einer Lübecker Privatschule.	7
1889	Lübeck	Besuch des Realgymnasiums.	14
1891	Lübeck	Der Vater von Thomas Mann stirbt.	16
1892	Lübeck, München	Die Mutter zieht mit den drei jüngsten Kindern nach München.	17
1894	München	Beendigung der Schule; Volontariat in der Süddeutschen Feuerversicherungsbank; heimliche Niederschrift der Novelle *Gefallen* während der Arbeitszeit; Kündigung; Gasthörer an der Technischen Hochschule München.	19
1896–98	Italien	Italienaufenthalt.	21–23
1897	Italien	Beginn der Niederschrift von *Buddenbrooks*.	22
1898	München	Rückkehr nach München; erste Buchveröffentlichung *Der kleine Herr Friedemann*; Lektor und Korrektor beim „Simplicissimus".	23
1900		Abschluss der Arbeit an *Buddenbrooks*; Militärdienst bis zur Entlassung wegen Dienstuntauglichkeit.	25

2.1 Biografie

JAHR	ORT	EREIGNIS	ALTER
1901		*Buddenbrooks* erscheinen.	26
1902		*Gladius dei.*	27
1903		**Tonio Kröger**; *Tristan; Das Wunderkind.*	28
1905	München	Heirat mit Katharina (Katja) Pringsheim; Geburt der Tochter Erika.	30
1906	München	*Fiorenza*; Geburt des Sohnes Klaus.	31
1909	München	*Königliche Hoheit; Das Eisenbahnunglück*; Beginn der Arbeit am *Felix Krull*; Sohn Golo geboren.	34
1910	München	Bekanntschaft mit Gustav Mahler; Geburt der Tochter Monika.	35
1911	Italien	Tod Gustav Mahlers; Aufenthalt auf dem Lido bei Venedig.	36
1912		*Der Tod in Venedig* erscheint.	37
1913	München	Beginn der Arbeit am *Zauberberg*.	38
1918	München	*Betrachtungen eines Unpolitischen*; Tochter Elisabeth geboren.	43
1919	München	Sohn Michael geboren.	44
1922	München	*Von deutscher Republik*; Aussöhnung mit Heinrich Mann.	47
1923		Tod der Mutter.	48
1924		*Der Zauberberg* erscheint.	49
1925		Beginn der Arbeit an *Joseph und seine Brüder*.	50
1929	Stockholm	Nobelpreis für Literatur.	54
1930		**Mario und der Zauberer**	55
	Berlin	*Deutsche Ansprache. Ein Appell an die Vernunft.*	

1 SCHNELL-
ÜBERSICHT

2 THOMAS MANN:
LEBEN UND WERK

3 TONIO KRÖGER
TEXTANALYSE UND -INTERPRETATION

2.1 Biografie

JAHR	ORT	EREIGNIS	ALTER
1932		Goethe als Repräsentant des bürgerlichen Zeitalters. Rede zum 100. Todestag Goethes.	57
1933	Küsnacht	11. Febr. Abreise nach Holland, Beginn der Emigration, Aufenthalt in der Schweiz, an der französischen Riviera, Niederlassung in Küsnacht bei Zürich, Ablehnung des Beitritts zur Reichsschrifttumskammer; *Die Geschichten Jaakobs, Joseph und seine Brüder. Der erste Roman*.	58
1934	USA	Erste Reise in die Vereinigten Staaten.	59
1935	USA	Zweite Reise in die USA; Ehrendoktorwürde der Harvard-University.	60
1936	Küsnacht	Aberkennung der deutschen Staatsange-hörigkeit; Aberkennung der Doktorwürde der Philosophischen Fakultät der Universität Bonn.	61
1937	USA	Dritte Reise in die USA.	62
1938	USA	Zweite Emigration über Paris und Bolougne in die Vereinigten Staaten; Professur in Princeton.	63
1939		*Bruder Hitler*; *Lotte in Weimar*.	64
1940		Beginn der monatlichen Radiosendungen *Deutsche Hörer!* (bis 1945); *Die vertauschten Köpfe*.	65
1941	Pacific Palisades	Umzug nach Kalifornien.	66
1943	Pacific Palisades	Abschluss der Arbeit an *Joseph und seine Brüder*.	68
1944	Pacific Palisades	*Das Gesetz*; Erwerb der amerikanischen Staatsbürgerschaft.	69
1945	Pacific Palisades	*Deutschland und die Deutschen*.	70

2.1 Biografie

JAHR	ORT	EREIGNIS	ALTER
1947	Pacific Palisades	*Doktor Faustus.*	72
1949	Pacific Palisades; Frankfurt; Weimar	*Die Entstehung des Doktor Faustus. Roman eines Romans; Ansprache im Goethejahr 1949* in Frankfurt; Verleihung des Goethe-Preises der Stadt Frankfurt; Ansprache in Weimar, Verleihung des Goethe-Preises, Ehrenbürger-recht der Stadt Weimar; Freitod des Sohnes Klaus.	74
1950		Tod des Bruders Heinrich.	75
1951		*Der Erwählte.*	76
1952	Zürich	Rückkehr nach Europa; Übersiedlung in die Schweiz.	77
1953		*Die Betrogene.*	78
1954		*Bekenntnisse des Hochstaplers Felix Krull.*	79
1955	Zürich	*Versuch über Schiller*; Ehrenbürger der Stadt Lübeck; am 12. August stirbt Thomas Mann im Kantonsspital Zürich.	80

2.2 Zeitgeschichtlicher Hintergrund

ZUSAMMEN-
FASSUNG

Da *Tonio Kröger* 1903, *Mario und der Zauberer* 1930 ent-
standen ist, umfasst die folgende Tabelle historischer Daten
aus Weltpolitik, Wirtschaft, Gesellschaft, Naturwissenschaft,
Technik, Kunst, Literatur, Philosophie und Musik die ersten
drei Jahrzehnte des 20. Jahrhunderts.

Weltpolitik

1899	Haager Friedenskonferenz über die friedliche Beilegung internationaler Konflikte; Burenkrieg
1900	Niederschlagung des ‚Boxer-Aufstandes' in China durch die europäischen Großmächte; zweites Flottengesetz des Deutschen Reichstages
1901	Scheitern der deutsch-britischen Bündnisverhandlungen
1905	Erste Marokkokrise
1911	Revolution in China und Sturz der Monarchie; Zweite Marokkokrise
1912	Scheitern der deutsch-britischen Flottengespräche
1914	Beginn des Ersten Weltkrieges
1917	Russische Revolution; Kriegseintritt der USA
1918	Frieden von Bresk-Litowsk zwischen der Sowjetunion und den Mittelmächten; Revolution in Deutschland; Waffenstillstand; Bürgerkrieg in der Sowjetunion
1922	Vertrag von Rapallo zwischen Deutschland und der Sowjetunion; ‚Marsch auf Rom'; italienische Faschisten unter Mussolini bilden die Regierung
1923	Ruhrbesetzung durch Frankreich (Räumung 1925 beendet); Hitler-Ludendorff-Putschversuch in München
1924	Tod Lenins und Aufstieg Stalins zur Alleinherrschaft

2.2 Zeitgeschichtlicher Hintergrund

| 1932 | Internationale Abrüstungskonferenz in Genf; Konferenz in Lausanne beschließt Ende der Reparationen |
| 1933 | Ernennung Hitlers zum Reichskanzler |

Wirtschaft und Gesellschaft

1900	Bürgerliches Gesetzbuch tritt in Kraft; Eröffnung der Métro in Paris
1901	Frauenstudium in Baden zugelassen
1911	Einführung der Angestelltenversicherung in Deutschland
1912	Treffen der Jugendbewegung auf dem Hohen Meißner; Einführung des Fließbandes bei Ford
1918	Achtstundentag in Deutschland; Wahlrecht für Frauen im Deutschen Reich
1923	Inflation und Währungsreform
1927	Einführung der Arbeitslosenversicherung in Deutschland
1928	Ruhreisenstreit
1932	Über sechs Millionen Arbeitslose in Deutschland
1933	Beginn der starken Emigration aus Deutschland, verursacht durch den nationalsozialistischen Terror

Naturwissenschaft und Technik

1902	Drahtlose Atlantikverbindung
1902	Erster bemannter Motorflug
1905	Albert Einsteins Relativitätstheorie
1908	Erstes deutsches Fernsprech-Ortsnetz für Selbstwähler
1911	Amundsen als Erster am Südpol; Rutherfords Atommodell
1912	Untergang der ‚Titanic'
1923	Erste regelmäßige Rundfunksendung in Deutschland
1927	Atlantikflug von Charles Lindbergh
1928	Erste Versuchssendung des Fernsehens in Berlin

2.2 Zeitgeschichtlicher Hintergrund

Kunst, Literatur, Philosophie und Musik

1900	Freuds *Traumdeutung*
1905	Gründung der Künstlervereinigung ‚Brücke' in Dresden
1909	Marinettis *Futuristisches Manifest*; Schönbergs ‚Drei Klavierstücke', op. 6
1910	Kandinsky malt sein erstes abstraktes Bild
1911	Gründung der Künstlervereinigung ‚Der Blaue Reiter' in München
1917	Gründung der Universum-Film AG (Ufa)
1918	Gründung des ‚Staatlichen Bauhauses' in Weimar durch Gropius
1929	Gründung des ‚Museums of Modern Art' in New York
1930	Eröffnung des Hauses des Rundfunks in Berlin

2.3 Angaben und Erläuterungen zu wesentlichen Werken

Es sind vor allem folgende Werke, die in die Zeit zwischen der Entstehung von *Tonio Kröger* und *Mario und der Zauberer* fallen:

*1875	28 Jahre alt				55 Jahre alt	†1955
	1903	**1909**	**1912**	**1918**	**1924**	**1930**
	Tonio Kröger	Königliche Hochzeit	Der Tod in Venedig	Betrachtungen eines Unpolitischen	Der Zauberberg	Mario und der Zauberer

In dem ‚Prinzenroman' **Königliche Hoheit**, der 1909 erschien, greift Mann wieder das Thema des vornehm-überlegenen Außenseiter-Dichters auf, der seinen Platz in der Gesellschaft sucht, ohne sich trivialisieren zu müssen. Die von *Tonio Kröger* her bekannte Sehnsucht nach dem Gewöhnlichen ist das strukturelle Gegengewicht. Das ‚strenge Glück' einer Ehe, die zugleich eine Annäherung an das ‚Volk' sein soll, beschließt den Roman hoffnungsvoll.

‚Prinzenroman' *Königliche Hoheit*

Thomas Mann lässt seine Arbeit an dem begonnenen Roman **Felix Krull** zugunsten der Arbeit an der Novelle **Der Tod in Venedig** (1912) liegen. Auch diese Novelle ist wie *Tonio Kröger* eigentlich eine Künstlernovelle. Der große, aber in seinen Ruhm eingesperrte Schriftsteller Aschenbach wird durch eine homoerotische Leidenschaft zugleich befreit und getötet, so dass nur er und nicht die ‚respektvoll erschütterte Welt' weiß, dass er seine Würde verloren hat.

Künstlernovelle *Der Tod in Venedig*

2.3   Angaben und Erläuterungen zu wesentlichen Werken

Nach dem *Tod in Venedig* greift Mann zunächst den *Krull* wieder auf, beginnt dann aber den **Zauberberg**, was erst eine Erzählung werden sollte, für die er Stoff während eines Besuches seiner lungenkranken Frau in Davos gesammelt hatte. Daraus wurde ein Roman, der erst 1924 zur Veröffentlichung kam. Auch dies ist die Geschichte einer Entbürgerlichung, nur geschieht sie diesmal nicht einem Schriftsteller, sondern einem schlichten Hamburger Bürgersohn, der bei seinem so nicht geplanten, aber immer wieder in die Länge gezogenen Sanatoriumsaufenthalt zwischen zwei ‚Erzieher' gerät, den kommunistischen Jesuiten Naphta einerseits, der sich an der anti-liberalen Ideologie einer gewaltsamen Veränderung der Welt zum Zweck der Herstellung eines Gottesreiches berauscht, und andererseits den fortschrittsgläubigen und liberalen Settembrini.

Noch vor Vollendung seines *Zauberbergs* legt Mann seinen Essay **Betrachtungen eines Unpolitischen**, vor (1918), der – wie auch *Der Zauberberg* – direkte oder indirekte Reaktion auf den Ersten Weltkrieg ist.

Geschichte einer ‚Entbürgerlichung': *Der Zauberberg*

Essay *Betrachtungen eines Unpolitischen*

3.1 Entstehung und Quellen

3. *TONIO KRÖGER* TEXTANALYSE UND -INTERPRETATION

3.1 Entstehung und Quellen

ZUSAMMEN-FASSUNG

1899	erste Anregung durch Fahrt nach Dänemark
1901	Juni: erste Notizen
1902	verstärkte Arbeit an *Tonio Kröger*
1903	Februar: die Novelle erscheint in der „Neuen Deutschen Rundschau"

Im *Lebensabriss* (1930) teilt Thomas Mann über die Entstehung seiner Erzählung *Tonio Kröger* mit:

„Die Konzeption ging zurück in die Zeit der Arbeit an Buddenbrooks, das Jahr meiner Tätigkeit bei Langen [Thomas Mann war ab Herbst 1898 Lektor und Korrektor in der ‚Simplizissimus'-Redaktion des Verlages Albert Langen in München]. Ich benutzte damals einen vierzehntägigen Sommerurlaub zu jener Reise über Lübeck nach Dänemark, von der in der Novelle die Rede ist, und meine Eindrücke in dem kleinen Badeort Aalsgaard am Sund, nahe Helsingör, bildeten den Erlebniskern, um den nun die beziehungsreiche kleine Dichtung zusammenschloss. Ich schrieb sie sehr langsam. Namentlich das lyrisch-essayistische Mittelstück, das Gespräch mit der (durchaus fingierten) russischen Freundin, kostete mich Monate, und ich erinnere mich, dass ich das Manuskript während eines meiner wiederholten Aufenthalte in Riva am Gardasee, in R. von Hart-

Autobiografische Anregungen

3.1 Entstehung und Quellen

ungens Haus zur Sonne, bei mir hatte, ohne um eine Zeile vorwärts zu kommen."[1]

In die Entstehungszeit fällt auch folgender Brief an seinen Bruder Heinrich Mann vom 13. Februar 1901, in dem er bereits ein wichtiges Thema seines *Tonio Kröger* präludiert:

„Wenn der Frühling kommt, werde ich einen innerlich unerhört bewegten Winter hinter mir haben. Depressionen wirklich arger Art mit vollkommen ernst gemeinten Selbstabschaffungsplänen haben mit einem unbeschreiblichen, reinen und unverhofften Herzensglück gewechselt, mit Erlebnissen, die sich nicht erzählen lassen, und deren Andeutung natürlich wie Renommage wirkt. Sie haben mir aber Eines bewiesen, diese sehr unlitterarischen, sehr schlichten und lebendigen Erlebnisse: nämlich, dass es in mir doch noch etwas Ehrliches, Warmes und Gutes gibt und nicht bloß Ironie, dass in mir doch noch nicht Alles von der verfluchten Litteratur verödet, verkünstelt und zerfressen ist. Ach, die Litteratur ist der Tod! Ich werde niemals begreifen, wie man von ihr beherrscht sein kann, ohne sie bitterlich zu hassen! Das Letzte und Beste, was sie mich zu lehren vermag, ist dies: den Tod als eine Möglichkeit aufzufassen, zu ihrem Gegentheil, zum Leben zu gelangen. Mir graut vor dem Tage, und er ist ja nicht fern, wo ich wieder allein mit ihr eingeschlossen sein werde, und ich fürchte, dass die egoistische Verödung und Verkünstelung dann rasche Fortschritte machen wird ... Genug! In alle diese Wechselfälle von Glut und Frost, von lebensvoller Gehobenheit und Sterbensekel platzte neulich

> „Ach, die Litteratur ist der Tod!"

---

1 Thomas Mann: *Gesammelte Werke in 13 Bdn.*, hrsg. v. Hans Bürgin, Frankfurt 1960, 1974, Bd. 11, S. 115. Im Folgenden zitiert als *GW*.

3.1   Entstehung und Quellen

ein Brief von S. Fischer hinein, in dem er mir mittheilte, dass er zum Frühjahr zunächst einen zweiten kleinen Novellenband von mir bringen [...] wolle."[2]

In einem Brief an Paul Ehrenberg vom 28. Januar 1902, dem Thomas Mann eine Rezension seines *Buddenbrooks*-Romans von Richard Schaukal beilegt, äußert er sich in einer Art, dass man daraus bereits die Problematik des *Tonio Kröger* heraushören kann, wie folgt:

„In Wahrheit bin ich aller dieser Lobpreisungen meines Talentes entsetzlich überdrüssig, denn sie entschädigen mich eben n i c h t für das Fehlende. Wo ist der Mensch, der zu mir, dem Menschen, dem nicht sehr liebenswürdigen, launenhaften, selbstquälerischen, ungläubigen, argwöhnischen aber empfindenden und nach Sympathie ganz ungewöhnlich heißhungrigen Menschen, Ja sagt."[3]

Thomas Manns Reise von Lübeck nach Dänemark fällt in den September 1899. Während des Aufenthaltes in Aalsgaard, spätestens jedoch vor Weihnachten 1899, entwirft Thomas Mann *Tonio Kröger* „unbewusst"[4] und macht sich erste Notizen. Anfang 1901 wendet sich Mann vom *Tonio Kröger* ab und dem *Tristan* zu, der im Juni 1901 abgeschlossen wird. In der Folgezeit finden sich in den Notizbüchern immer wieder Einträge zum *Tonio*. Die Arbeit verstärkt sich jedoch erst wieder im Sommer 1902, wird dann nochmals durch *Die Hungernden* unterbrochen. Bei einem zwei-

Erste Notizen zu
Tonio Kröger 1899

---

2   *Thomas Mann – Heinrich Mann: Briefwechsel 1900–1949*, hrsg. v. Hans Wysling, Frankfurt 1968, S. 13f.
3   *Briefe* 3, S. 432. Zit. nach: Bellmann, *Thomas Mann: Tonio Kröger*, S. 23
4   *GW* 11, S. 381

3.1 Entstehung und Quellen

ten Aufenthalt am Gardasee (Anfang Oktober bis Mitte November 1902) macht offensichtlich die Arbeit am *Tonio Kröger* Fortschritte. Wann die Arbeit abgeschlossen werden konnte, lässt sich nicht genau ermitteln.

Tonio Kröger erscheint 1903

Die Erzählung erschien im Februarheft 1903 der „Neuen Deutschen Rundschau". Gleichzeitig mit dem Abdruck in der Zeitschrift erscheint die Novelle als letztes Stück in der Sammlung *Tristan. Sechs Novellen*, der Mann das Motto voranstellte: Dichten, das ist Gerichtstag über sich selbst halten (nach Henrik Ibsen).

4 MARIO UND DER ZAUBERER
TEXTANALYSE UND -INTERPRETATION

5 REZEPTIONS-
GESCHICHTE

6 MATERIALIEN

7 PRÜFUNGS-
AUFGABEN

3.2 Inhaltsangabe

ZUSAMMEN-
FASSUNG

Die Erzählung beginnt mit zwei kurzen Episoden aus der
Jugendzeit Tonio Krögers, die das Außenseitertum des sensiblen, künstlerisch veranlagten Jungen und seine Sehnsucht nach der Welt des Ordentlichen, Gewöhnlichen und
Lebenstüchtigen illustrieren. Der 14-Jährige liebt den blonden, blauäugigen, unkomplizierten Hans Hansen, als 16-Jäh-
riger verliebt er sich während der Tanzstunde in die blonde,
blauäugige, lustige Ingeborg Holm, ohne allerdings den
Versuch einer Annäherung zu machen. Das folgende Kapitel
schildert knapp den Werdegang des Literaten Tonio Kröger,
der sich asketisch allein der Arbeit widmet. Im Gespräch mit
Lisaweta Iwanowna formuliert er dann seine Kunsttheorie.
Zugleich artikuliert Kröger jedoch seine Erkenntnisse über
die Problematik der künstlerischen Existenz und die heimliche Sehnsucht „nach den Wonnen der Gewöhnlichkeit"
(S. 38), so dass ihn die Malerin zu Recht einen „Bürger auf
Irrwegen", einen „verirrten Bürger" (S. 41) nennt. Eine Reise in den heimatlichen Norden hebt die Problematik der
Außenseiterposition zwar nicht auf – in seiner Heimatstadt
wird er beinahe als Hochstapler verhaftet, in Dänemark
spiegelt ein Tanzfest seine verfehlten Beziehungen zu Hans
Hansen und Ingeborg Holm –, doch im abschließenden Brief
an die Malerin wird eine neue künstlerische Haltung sichtbar, die seine „Bürgerliebe zum Menschlichen, Lebendigen
und Gewöhnlichen" (S. 73) proklamiert.

3.2   Inhaltsangabe

Jugendepisode 1: Tonios Liebe zu Hans Hansen
(1. Kapitel, S. 7–17)

Das erste Kapitel der Erzählung ist eine Episode aus der Jugend Tonio Krögers. Es ist ein Wintertag, der Schulunterricht

Vierzehnjähriger Tonio

an diesem Tage gerade beendet, und der vierzehnjährige Tonio wartet auf seinen Freund Hans vor dem Schulgebäude, um mit diesem, wie verabredet, den Nachhauseweg anzutreten, was Hans offensichtlich vergessen hat, denn er will zunächst mit anderen Klassenkameraden den Heimweg antreten. Als ihn aber Tonio an die Verabredung erinnert, verabschiedet sich Hans von den anderen Kameraden und begleitet „Kröger" (S. 7) auf dem Weg. Beide Schüler entstammen wohlhabenden Kaufmannsfamilien in einer engen Stadt in Norddeutschland. Hans ist ein hübscher, wohl-

Tonio und Hans: Gegensätze prägen das Freundespaar

gestalteter Junge, der eine Seemanns-Überjacke trägt, darunter einen Marine-Anzug; Tonio trägt einen grauen Gurt-Paletot. Gegensätze prägen das Freundespaar. Während Hans freiliegende und scharf blickende stahlblaue Augen und blondes Haar hat, blickt träumerisch unter Tonios runder Pelzmütze aus einem brünetten und ganz südlich scharf geschnittenen Gesicht ein dunkles, zart umschattetes Augenpaar mit zu schweren Lidern hervor. Mund und Kinn sind bei ihm weich ausgebildet. Auch in der Gangart unterscheiden sich die Freunde: Hans schreitet elastisch und taktfest einher, Tonio geht nachlässig und ungleichmäßig.

Tonio empfindet für Hans Liebe, und insofern leidet er einerseits unter den Unaufmerksamkeiten und Unzuverlässigkeiten seines Freundes, andererseits freut es ihn umso mehr, als ihm Hans einredet, er hätte die Verabredung nicht vergessen, nur geglaubt, wegen des schlechten Wetters sei Tonio bereits nach Hause gegangen.

Tonio hat für sich im Umgang mit Hans die Erfahrung gemacht, dass wer am meisten liebt, der Unterlegene sei und leiden müsse (S. 9). Erfahrungen wie diese hat der Vierzehnjährige „bereits vom

3.2 Inhaltsangabe

Leben entgegengenommen; und er war so geartet, dass er solche Erfahrungen wohl vermerkte, sie gleichsam innerlich aufschrieb" (S. 9), als sei dies der Keim seiner späteren schriftstellerischen Laufbahn. Solche Einsichten bis auf den Grund zu empfinden und völlig auszudenken, bereitet ihm großen Spaß, und er hängt solchen Gedanken auch in der Schule nach. Er achtet „solche Lehren weit wichtiger und interessanter [...] als die Kenntnisse, die man ihm in der Schule aufnötigte" (S. 9). So ist er nicht der Klassenprimus. Dies ist Hans. Tonio findet es sogar richtig, dass sein Vater, ein „langer, sorgfältig gekleideter Herr mit sinnenden blauen Augen, der immer eine Feldblume im Knopfloch trug" (S. 10), wegen der schulischen Leistungen seines Sohnes erzürnt und bekümmert ist. Ganz anders eingestellt ist dagegen Tonios Mutter, Consuelo Kröger, schwarzhaarig, aus dem Süden Europas stammend, eine dunkle, feurige Frau, die sich ganz der Kunst hingibt. Sie spielt wunderbar den Flügel und die Mandoline. Tonio selbst lehnt die „heitere Gleichgültigkeit der Mutter" (S. 11) teilweise ab und hat Verständnis für den Vater, wenn dieser ihm wegen seiner mangelnden Leistungen zürnt. Tonio schätzt an dem Vater dessen respektable und würdige Art und redet sich selbst ein, er sei doch „kein Zigeuner im grünen Wagen" (S. 11), gehöre also nicht zu den Asozialen. Trotz dieser Haltung denkt Tonio nicht daran, seine Eigenarten und seine Andersartigkeit abzulegen. Er denkt sich: „Es ist gerade genug, dass ich bin, wie ich bin, und mich nicht ändern will und kann, fahrlässig, widerspenstig und auf Dinge bedacht, an die sonst niemand denkt." (S. 11) So interessiert sich der künftige Schriftsteller für den Springbrunnen, den alten Walnussbaum, seine Geige, die Ostsee, „deren sommerliche Träume er in den Ferien belauschen durfte" (S. 10). Er umstellt sich geradezu mit diesen Dingen; zwischen ihnen spielt sich sein inneres Leben ab, und er macht erste Versuche, ihren Namen „mit guter Wirkung in Versen zu verwenden" (S. 10).

Tonios Eltern

Tonio ist anders als die anderen

3.2 Inhaltsangabe

Tonio weiß um seine Sonderbarkeit, er fragt sich selbst, warum er so sonderlich sei und „in Widerstreit mit allem" (S. 11), fremd unter all den Jungen, abgegrenzt von der von ihnen repräsentierten, soliden Mittelmäßigkeit.

Tonios Liebe zu Hans Hansen erklärt sich daraus, dass Hansen zum einen schön ist, zum andern aber liebt er in ihm genau das Widerspiel und das Gegenteil zu sich selbst. Hans reitet, turnt, schwimmt und erfreut sich allgemeiner Beliebtheit, lebt in „Ordnung und glücklicher Gemeinschaft mit aller Welt" und ist immer „auf eine wohlanständige und allgemein respektierte Weise" beschäftigt, während sich Tonio wie ein Müßiggänger vorkommt, der „verloren im Sand liege und auf die geheimnisvoll wechselnden Mienenspiele starre, die über des Meeres Antlitz huschen" (S. 12). Was Tonio vor Hans Hansen auszeichnet, ist seine „Gewandtheit des Mundes, […] schwierige Dinge auszusprechen" (S. 12); wiederum ein Hinweis auf seine künftige Tätigkeit als Schriftsteller.

Don Carlos vs. Pferdebücher

Tonio versucht zuweilen, eine „geistige Gemeinschaft" (S. 12) mit Hans Hansen herzustellen, muss sich aber in dieser Absicht meist enttäuscht sehen. So auch auf dem Nachhauseweg, als Tonio Hansen nahe legt, Schillers Schauspiel *Don Carlos*, das ihn so begeistert, ebenfalls zu lesen. Hansen geht zwar zunächst darauf ein, wenn ihm auch seine Pferdebücher wesentlich lieber sind. Dann aber vergisst er den Vorschlag, als ein anderer Freund, Erwin Jimmerthal, beide Mitschüler unterwegs trifft und sich mit ihnen über Reitstunden unterhält.

Hans Hansen begreift durchaus, dass in Tonio eine „zarte Empfindung für ihn lebendig sei", aber Tonio hat nur selten das Gefühl, dass es ihm gelingt, Hansen, wenn auch nur für einen Augenblick, zu sich „herüberzuziehen", und dies gelingt ihm „auch dann nur scheinbar" (S. 12 f.).

3.2 Inhaltsangabe

Am Ende der im ersten Kapitel erzählten Episode heißt es zu-
sammenfassend für die seelische Verfasstheit Tonios, der darunter
leidet, dass er seine Besonderung erkennt, sein Ausgeschlossensein
von den Ordentlichen und Gewöhnlichen, und der seine Sonder-
stellung in der Gemeinschaft und deren Verhalten ihm gegenüber
klar durchschaut: „Damals lebte sein Herz; Sehnsucht war darin
und schwermütiger Neid und ein klein wenig Verachtung und eine
ganze keusche Seligkeit." (S. 17), ein Satz, der am Ende des letzten
Kapitels wortwörtlich wieder aufgenommen werden wird.

Jugendepisode 2: Tonios Liebe zu Inge Holm
(2. Kapitel, S. 17–24)

Die zweite Episode ist zwei Jahre später angesiedelt. Die Liebe
des nunmehr sechzehnjährigen Tonio gehört der blonden, blauäugigen Inge Holm, der Tochter des Arztes Holm.

„Aber obgleich er genau wusste, dass die Liebe ihm viel   Sechzehnjähriger
Schmerz, Drangsal und Demütigung bringen müsse, dass sie   Tonio
überdies den Frieden zerstöre und das Herz mit Melodieen
überfülle, ohne dass man Ruhe fand, eine Sache rund zu formen und in Gelassenheit etwas Ganzes daraus zu schmieden, so
nahm er sie doch mit Freuden auf, überließ sich ihr ganz [...],
denn er wusste, dass sie reich und lebendig mache, und er
sehnte sich, reich und lebendig zu sein, statt in Gelassenheit
etwas Ganzes zu schmieden ..." (S. 18)

Inge Holm beachtet Tonio jedoch nicht. Er fürchtet, sie verachte
ihn womöglich, weil er „poetische Sachen" (S. 20) schreibt. Gerade aber seiner Verse wegen interessiert sich die Tochter des
Rechtsanwaltes, Magdalena Vermehren, für Tonio. Tonio ist aber
an Magdalena, die beim Tanzen aus Ungeschicklichkeit immer

3.2 Inhaltsangabe

hinfällt, völlig desinteressiert. Als ihn beim Tanz die Nähe zu Inge gänzlich verwirrt, verliert er jede Konzentration auf die Tanzfiguren und blamiert sich fürchterlich vor der Tanzgesellschaft. Auch Inge lacht ihn herzhaft aus, worunter er einerseits leidet, andererseits genießt er aber auch das Gefühl des Ausgeschlossenseins. Tonio verharrt in diesem ambivalenten Gefühl:

Tonios Aus-
geschlossensein

„Zu fühlen, wie wunderbare spielende und schwermütige Kräfte sich in dir regen, und dabei zu wissen, dass diejenigen, zu denen du dich hinübersehnst, ihnen in heiterer Unzugänglichkeit gegenüberstehen, das tut sehr weh. Aber obgleich er einsam, ausgeschlossen und ohne Hoffnung vor einer geschlossenen Jalousie stand und in seinem Kummer tat, als könne er hindurchblicken, so war er dennoch glücklich. Denn damals lebte sein Herz." (S. 23)

Tonios Werdegang als Literat
(3. Kapitel, S. 24–27)

Tonio geht den Weg, den er „gehen musste" (S. 24). Er wird Künstler, verlässt die norddeutsche Stadt, zieht in eine der südlich gelegenen großen Städte und ist „voller Spott für das plumpe und niedrige Dasein, das ihn so lange in seiner Mitte gehalten hatte" (S. 25).

Daheim ist die Mutter seines Vaters gestorben, ihr folgt schnell sein Vater nach, so dass das Kröger'sche Haus zum Verkauf angeboten und die Firma „ausgelöscht" (S. 25) wird. Tonios Mutter heiratet schnell nach dem Tode des Vaters einen Musiker, einen Virtuosen mit italienischem Namen, dem sie nach dem Süden folgt.

Tonio ergibt sich ganz nunmehr als Schriftsteller der „Macht des Geistes und Wortes, die lächelnd über dem unbewussten und stummen Leben thront" (S. 25). Mit der Qual und dem Hochmut der

3.2   Inhaltsangabe

Erkenntnis befällt ihn allerdings auch die Einsamkeit, „weil es ihn im Kreise der Harmlosen mit dem fröhlich dunklen Sinn nicht litt und das Mal an seiner Stirn sie verstörte" (S. 26). So ohne Liebe und mit einem ‚toten Herzen' gerät er „in Abenteuer des Fleisches, stieg hinab in Wollust und heiße Schuld und litt unsäglich dabei" (S. 26).

Tonio – Der einsame Künstler

Er entwickelt in sich einen Ekel und Hass gegen die Sinne und strebt zum Ausgleich künstlerisch die höchste formale Reinheit an. So kommt es dazu, dass „er, haltlos zwischen krassen Extremen, zwischen eisiger Geistigkeit und verzehrender Sinnenglut hin- und hergeworfen, unter Gewissensnöten ein erschöpfendes Leben führte, ein ausbündiges, ausschweifendes und außerordentliches Leben, das er, Tonio Kröger, im Grunde verabscheute" (S. 26). Die Gesundheit verlässt ihn, aber in dem Maße, wie seine Gesundheit geschwächt wird, verschärft sich seine Künstlerschaft. Er wird äußerst wählerisch, „erlesen, […] fein, reizbar gegen das Banale und aufs höchste empfindlich in Fragen des Taktes und Geschmacks" (S. 27). Künstlerisch wird er immer erfolgreicher, zumal er der „schmerzlichen Gründlichkeit seiner Erfahrungen" seinen aus seiner bürgerlichen Herkunft stammenden „zäh ausharrende[n] und ehrsüchtige[n] Fleiß" hinzufügen kann (S. 27). Er arbeitet nach der Maxime, „dass man gestorben sein muss, um ganz ein Schaffender zu sein" (S. 27).

Tonios Gespräch mit Lisaweta Iwanowna über die Kunst (4. Kapitel, S. 28–41)

Tonio besucht die aus Russland stammende, nun in derselben Stadt wie Tonio wohnende Künstlerin Lisaweta Iwanowna. Mit ihr unterhält er sich über das Verhältnis von Kunst und Leben. Tonio erzählt Lisaweta von dem Erkenntnisekel, der ihn befallen habe, davon, dass er trotzdem kein Nihilist sei und sich noch immer nach den „Wonnen der Gewöhnlichkeit" sehne:

Die russische Künstlerin Lisaweta

3.2 Inhaltsangabe

„Der ist noch lange kein Künstler, meine Liebe, dessen letzte und tiefste Schwärmerei das Raffinierte, Excentrische und Satanische ist, der die Sehnsucht nicht kennt nach dem Harmlosen, Einfachen und Lebendigen, nach ein wenig Freundschaft, Hingebung, Vertraulichkeit und menschlichem Glück, – die verstohlene und zehrende Sehnsucht nach den Wonnen der Gewöhnlichkeit!" (S. 38)

Nadja Tiller
als Lisaweta
Iwanowna und
Jean-Claude
Brialy als Tonio
Kröger in der
Verfilmung von
1964
© ullstein bild

Das Gespräch zwischen Tonio und Lisaweta ist jedoch mehr ein Monolog, denn Lisawetas Beiträge beschränken sich im Wesentlichen auf einige Zwischenbemerkungen, allerdings ist sie es, die am Ende des Gesprächs das von Tonio formulierte Problem mit wenigen Worten löst: „Ich habe Ihnen gut zugehört, Tonio, von Anfang bis zu Ende, und ich will Ihnen die Antwort geben, die auf Alles passt, was Sie heute Nachmittag gesagt haben, und die die Lösung ist für das Problem, das Sie so sehr beunruhigt hat. […] Die Lösung ist die, dass Sie, wie Sie da sitzen, ganz einfach ein Bürger sind." (S. 41) Dann fügt sie noch hinzu: „ein Bürger auf Irrwegen, Tonio Kröger, – ein verirrter Bürger." (S. 41)

Tonio fühlt sich angesichts dieser Aussage zutiefst getroffen, er verlässt das Atelier der Künstlerin mit den Worten: „Ich danke Ihnen, Lisaweta Iwanowna; nun kann ich getrost nach Hause gehn. Ich bin erledigt." (S. 41)

3.2   Inhaltsangabe

Tonios Plan, in den Norden zu reisen
(5. Kapitel, S. 41–42)

Im folgenden Herbst erklärt Tonio Lisaweta, dass er nach Dänemark reisen wolle, dem Land Hamlets, „dieses typischen Literaten" (S. 36), mit dem er sich gerne vergleicht. Er schlägt nicht mehr den Weg nach Italien ein, dieses Land ist ihm nunmehr „bis zur Verachtung gleichgültig" (S. 41) geworden; er will in den Norden, will an die Ostsee und wählt seine Reiseroute so, dass er seinen „Ausgangspunkt" (S. 42), d. h. seine Vaterstadt auf dem Wege nach Dänemark wiedersehen wird.

Tonios Reise in die Heimatstadt
(6. Kapitel, S. 43–53)

In diesem Kapitel hat Tonio seine Vaterstadt erreicht. Niemand erkennt ihn dort, im Gegenteil, man begegnet ihm mit Misstrauen. In sein Vaterhaus hat die Volksbibliothek Einzug gehalten. Unter dem Vorwand, er wolle Einblick in die Büchersammlung nehmen, betritt er die alten Räumlichkeiten. Ein Blick durch das Fenster zeigt ihm den nunmehr verwüsteten Garten, nur der „alte Walnussbaum stand an seinem Platze" (S. 49).

Als er wenig später das Hotel, in dem er übernachtet hat, verlassen will, bittet ihn der Besitzer des Hotels um „eine Unterredung von zwei Worten" (S. 50). Der Hotelier wird von einem Polizisten begleitet, der Tonio um seine Papiere bittet. Tonio hat jedoch seine Ausweispapiere nicht bei sich, so dass er sich durch die Korrekturfahnen einer Novelle, die er zufälligerweise mit sich führt, auszuweisen versucht. Im Verlaufe des Gesprächs stellt sich heraus, dass die Polizei einen Hochstapler sucht und vermutet, diesen in Tonio gefunden zu haben. Tonio unterlässt bewusst den Hinweis darauf, dass er der Sohn des ehemaligen Konsuls der Stadt, Kröger, sei. Während der Polizist skeptisch bezüglich der

Tonio wird in seiner Geburtsstadt als Hochstapler verdächtigt

3.2 Inhaltsangabe

Identität Tonios bleibt, bittet der Hotelier Seehaase darum, die Untersuchung zu beenden. Tonio kann daraufhin seine Reise nach Dänemark fortsetzen.

Tonios Schiffsreise nach Dänemark
(7. Kapitel, S. 53–59)

Tonio setzt mit dem Schiff nach Dänemark über. Auf dem Schiff trifft er mit einem jungen Kaufmann aus Hamburg zusammen, dessen sentimentale Äußerungen Tonio vermuten lassen, auch er schreibe Verse, „tief ehrlich empfundene Kaufmannsverse" (S. 56). Tonio ist von dem ‚tanzenden Meer' wieder begeistert und „blickt hinaus in all den unbändigen Übermut. In ihm schwang sich ein Jauchzen auf, und ihm war, als sei es mächtig genug, um Sturm und Flut zu übertönen. Ein Sang an das Meer, begeistert von Liebe tönte in ihm. […] Aber dann war das Gedicht zu Ende. Es ward nicht fertig, nicht rund geformt und nicht in Gelassenheit zu etwas Ganzem geschmiedet. Sein Herz lebte …" (S. 57)

Tonio ist vom Meer begeistert

Am nächsten Morgen hat das Schiff Kopenhagen erreicht. Tonio verbringt dort geraume Zeit, schifft sich erneut unruhig ein und fährt weiter nordwärts die Küste von Seeland entlang gen Helsingör. Dort schließlich, in Aalsgaard, quartiert er sich in einem kleinen Badehotel ein.

Das Tanzfest in Aalsgaard
(8. Kapitel, S. 59–71)

In Aalsgaard wird von einer Ausflugsgesellschaft eine Reunion, eine Tanzveranstaltung, organisiert. Man feiert ein ausgelassenes Fest, von dem sich Tonio zurückzieht. Das Tanzstundenerlebnis des sechzehnjährigen Tonio wiederholt sich: Tonio flieht vor dem Fest auf die Veranda, um von dort aus die Tanzenden zu beobachten, wie er sie einst hinter der Jalousie beobachtete. Beim

Tanzfest löst Jugenderinnerungen aus

3.2   Inhaltsangabe

Anblick der Tanzenden meint er, unter ihnen Hans Hansen und
Ingeborg Holm, seine Jugendlieben, wiederzuerkennen. In Wirklichkeit handelt es sich aber um ein dänisches Paar. Auch Magdalena Vermehren taucht in Gestalt eines blassen Mädchens unter
den Tanzenden auf. „Sie hatte nicht viel getanzt, [...] Auch jetzt
stand sie allein. [...] Gesenkten Kopfes blickte sie Tonio Kröger von
unten herauf mit schwarzen, schwimmenden Augen an. Er wand-
te sich ab ..." (S. 68) Nachdem Tonio zu den Tanzenden getreten
ist, nähert sich das Mädchen Tonio und fällt – wie früher Magdalena Vermehren – vor ihm hin. „Da trat Tonio Kröger vor, fasste
sie sacht an den Armen und hob sie auf. Abgehetzt, verwirrt und
unglücklich sah sie zu ihm empor, und plötzlich färbte ihr zartes
Gesicht sich mit einer matten Röte." (S. 70)

Nachdem sich Tonio von dem Fest zurückgezogen hat, ist er
berauscht. Er fühlt erneut, dass „sein Herz lebte" (S. 71). Er stellt
sich die Frage, was aus ihm seit seiner Jugend geworden ist: „Er-
starrung; Öde; Eis; und Geist! Und Kunst!" (S. 71) Ihn übermannt
ein Gefühl des Heimwehs und er „schluchzte vor Reue" angesichts
der erinnerten

„Abenteuer der Sinne, der Nerven und des Gedankens, die er
durchlebt, sah sich zerfressen von Ironie und Geist, verödet und
gelähmt von Erkenntnis, halb aufgerieben von den Fiebern und
Frösten des Schaffens, haltlos und unter Gewissensnöten zwischen krassen Extremen, zwischen Heiligkeit und Brunst hin-
und hergeworfen, raffiniert, verarmt, erschöpft von kalten und
künstlich erlesenen Exaltationen, verirrt, verwüstet, zermartert,
krank" (S. 71).

1 SCHNELL-
   ÜBERSICHT

2 THOMAS MANN:
   LEBEN UND WERK

3 TONIO KRÖGER
   TEXTANALYSE UND -INTERPRETATION

3.2   Inhaltsangabe

Tonios Brief an Lisaweta: seine neue Auffassung von Kunst, Künstler, Außenseitertum und Menschenliebe (9. Kapitel, S. 72–73)

Wie versprochen schreibt Tonio von seinem dänischen Aufenthaltsort einen Brief an seine Freundin, Lisaweta Iwanowna, in dem er ihr seine neu gewonnene Einstellung zur Kunst unterbreitet: Er will sich vom Literaten zum Dichter hin entwickeln, d. h. er entdeckt in sich seine „Bürgerliebe zum Menschlichen, Lebendigen und Gewöhnlichen" und will sie auch in Zukunft nicht mehr verleugnen, denn „alle Wärme, alle Güte, aller Humor kommt aus ihr, und fast will mir scheinen, als sei sie jene Liebe selbst, von der geschrieben steht, dass Einer mit Menschen- und Engelszungen reden könne und ohne sie doch nur ein tönendes Erz und eine klingende Schelle sei" (S. 73). Und er beschließt den Brief mit einer Bitte an Lisaweta, die eine Formulierung am Ende des ersten Kapitels wortwörtlich wiederholt: „Schelten Sie diese Liebe nicht, Lisaweta; sie ist gut und fruchtbar. Sehnsucht ist darin und schwermütiger Neid und ein klein wenig Verachtung und eine ganze keusche Seligkeit." (S. 73)

Tonio entdeckt Bürgerliebe in sich

3.3 Aufbau

Übersicht der Kapitel

Kapitel 1	Jugendepisode 1 – Liebe zu Hans Hansen
Kapitel 2	Jugendepisode 2 – Liebe zu Inge Holm
Kapitel 3	Tonios Werdegang als Literat
Kapitel 4	Gespräch mit Lisaweta über Kunst
Kapitel 5	Plan, in den Norden zu reisen
Kapitel 6	Reise in die Heimatstadt
Kapitel 7	Schiffsreise nach Dänemark
Kapitel 8	Tanzfest
Kapitel 9	Brief an Lisaweta über neues Kunstverständnis

Thomas Mann bezeichnet seinen *Tonio Kröger* sowohl als Erzählung wie auch als Novelle, als Prosaballade oder als lyrische Novelle, legt sich also keineswegs eindeutig auf die von ihm realisierte literarische Gattung fest. Man wird auch konstatieren müssen, dass der Text nur wenige Handlungsmomente enthält, dass man seine Handlung allenfalls als den Werdegang eines Künstlers bzw. als die Entwicklung eines jungen Mannes zum Literaten und von dort aus zum Dichter umschreiben kann. Dies wird aber nicht in einer durchgehenden Erzählhandlung vorgestellt, sondern aus der erzählten Zeit von etwas mehr als sechzehn Jahren (am Anfang ist Tonio 14, später dann ein Mann „jenseits der Dreißig", S. 28) werden nur einige wenige Episoden herausgenommen und erzählerisch aneinander gereiht. Eingestreut in diese Episoden sind Passagen, die einen mehr essayistischen Charakter haben, so das Gespräch zwischen Lisaweta und Tonio im 4. Kapi-

Das Genre des Textes

Episodische Form ist strukturbestimmend

3.3 Aufbau

Mathieu Carrière als junger Tonio und Rosemarie Lücke als Inge Holm in der Verfilmung von 1964 © Cinetext

tel, das eigentlich ein Monolog Tonios mit einigen Zwischeneinwürfen von Lisawetas Seite aus ist, oder die Wiedergabe des Briefes an Lisaweta im Schlusskapitel (s. Kap. 9). Wie sehr die episodische Form strukturbestimmend ist, mag noch einmal eine pointierte Zusammenfassung zeigen:

Die Erzählung beginnt mit zwei Episoden **(Kapitel 1 u. 2)** aus der Jugendzeit Tonio Krögers, die einander zugeordnet sind. Ort der Handlung ist eine an der Ostsee gelegene Stadt, für die Lübeck das Modell abgegeben hat. Die erste Episode zeigt Tonio auf dem Nachhauseweg von der Schule, begleitet von seinem Freund Hans Hansen; die zweite Episode spielt zwei Jahre später. Sie zeigt Tonio während einer Tanzschulveranstaltung. Der 16 Jahre alte Tonio liebt Ingeborg Hansen, die aber Tonios Liebe nicht erwidert, während sich Tonio vor der ihn anhimmelnden Magdalena Vermehren zurückzieht.

Nach diesen beiden Jugendepisoden schildert das folgende **Kapitel 3** in Form der Zeitraffung Tonios Werdegang zum Literaten, der sich ausschließlich seiner Arbeit widmet. Er hat Lübeck als Wohnort verlassen, lebt nunmehr in München und hat sich beim Publikum erste Anerkennung verschafft.

In einem eigenen **Kapitel (4)** formuliert er in einem Gespräch mit Lisaweta Iwanowna seine Kunsttheorie. Seine Literatur basiert auf der strikten Trennung vom Leben. Tonio vertritt in dem Gespräch die Position des Ästhetizismus, nach dem die Kunst allein in der Form liegt. Zugespitzt charakterisiert er seine Haltung wie

Trennung von Kunst und Leben

3.3 Aufbau

folgt: „Es ist aus mit dem Künstler, sobald er Mensch wird und zu
empfinden beginnt." (S. 32) Zugleich formuliert Kröger auch die
Problematik des Künstlers und dessen heimliche Sehnsucht nach
den „Wonnen der Gewöhnlichkeit" (S. 38), so dass die Malerin, die
die russische Literaturtradition ins Feld führt, ihn sehr aufschluss-
reich als einen „Bürger auf Irrwegen" oder als einen „verirrten
Bürger" bezeichnet (S. 41). Lisaweta selbst spricht von der Möglichkeit einer „reinigenden, heiligenden Wirkung der Literatur"
(S. 35).

Eine Reise in die nördliche Heimat ist der erste Versuch, ins Leben bzw. die „Wonnen der Gewöhnlichkeit" (S. 38) zurückzukehren; zugleich ist diese Episode **(Kapitel 5 u. 6)** aber auch Spiegelung der jugendlichen Erfahrung des Außenseitertums, denn Tonio
Kröger wird in seiner Vaterstadt, in der er bewusst dieselben Wege
wie in seiner Jugend abschreitet und dieselben Beobachtungen
wie Jahre zuvor zu machen versucht, beinahe als Hochstapler verhaftet, denn er hat keine Papiere bei sich. Er muss erkennen: Die
Stadt ist ihm fremd geworden. Es ist nicht mehr seine Vaterstadt.
Im väterlichen Haus ist bezeichnenderweise eine Volksbibliothek
eingerichtet.

Erfahrungen des
Außenseiters

Kapitel 7 schildert die Schiffsreise nach Dänemark. In der Gestalt eines Verse schmiedenden Kaufmanns erlebt Tonio, wohin es
führen kann, wenn das Leben zu unvermittelt in Kunst umschlagen
will: zum Dilettantismus.

In einem dänischen Badeort angekommen **(Kapitel 8)**, spie-
gelt dann ein Tanzfest die Szene in der Tanzschule aus der Jugend
Tonios wider. Während des Tanzfestes hat Tonio eine visionäre
Wiederbegegnung mit Hans Hansen und Ingeborg Holm.

In einem letzten **Kapitel (9)** verfasst Tonio einen Brief an
Lisaweta. Er greift darin nochmals das Thema ihres früheren
Gespräches auf. Der Brief lässt in ersten Ansätzen erkennen, dass

1 SCHNELL-
ÜBERSICHT

2 THOMAS MANN:
LEBEN UND WERK

3 TONIO KRÖGER
TEXTANALYSE UND -INTERPRETATION

3.3 Aufbau

Tonio zwar noch nicht den Zwiespalt ganz lösen kann, aber der an Nietzsche genährten psychologisch-kalten Literaturanalyse (Wysling) ein wärmeres, versöhnlich-selbstironisches Licht aufsetzt. Hier wird die Liebe zum Menschlichen, Lebendigen und Gewöhnlichen proklamiert. Zu einer konkreten Bewährung dieser neuen Position kommt es allerdings noch nicht, die Kluft zwischen Geist und Leben bleibt vorerst noch bestehen. „Ich stehe zwischen zwei Welten, bin in keiner daheim und habe es infolge dessen ein wenig schwer." (S. 73) So resümiert Tonio seine errungene Position.

Tonio befindet sich zwischen zwei Welten

„Tonio Kröger, den Lisaweta als verirrten Bürger eingestuft hatte, begreift sich nun als experimentierte Existenz auf dem schmalen Grat zwischen kalter, Empfindungen im Wort erledigender Artistik und Bürgerliebe zum Menschlichen, die – gefiltert durch Selbstironie – imstande ist, aus einem Literaten einen Dichter zu machen, das heißt, das eigene Künstlertum moralisch in Kontrolle (Reinhard Baumgart) zu halten, freilich ohne dabei […] den Schritt zu einer sozial orientierten Menschenliebe zu tun."[5]

---

[5] Hans Wysling, Kindlers Literatur Lexikon, Bd. 21, S. 9439

3.3 Aufbau

Polaritäten und Spiegelungen

Diese kurze Übersicht über den Aufbau der Erzählung macht zweierlei deutlich: Zum einen zeigt sie, wie handlungsarm die Erzählung ist; zum andern legt sie aber auch das **Aufbauprinzip der Polarität und der gegenseitigen Spiegelung** offen, das für den Text bestimmend wird. Der Text lebt in seinem Aufbau und in der Figurenkonstellation von dem **Gegensatz von Kunst und Leben bzw. von dem Gegensatz von Künstler und Bürger**.

Kap. 1 →	gleicher letzter Satz	← Kap. 9
Kap. 2 →	Tanz	← Kap. 8
Kap. 3 →	Auszug aus der Heimatstadt und Rückkehr, das Meer	← Kap. 6/7
Kap. 4 →	geistige Mitte der Erzählung	← Kap. 5

Kompositorisch wird das **erste Kapitel** im **letzten** wieder insofern aufgegriffen, als beide Kapitel mit demselben Satz enden, nur dass sich das Tempus geändert hat, indem aus dem Imperfekt das Präsens geworden ist:

„Sehnsucht war [ist] darin und schwermütiger Neid und ein klein wenig Verachtung und eine ganze keusche Seligkeit." (S. 17 bzw. 73)

3.3 Aufbau

Dem **zweiten Kapitel** entspricht genau spiegelbildlich das **achte Kapitel**, da im achten wie im zweiten Kapitel eine Tanzveranstaltung stattfindet, auf der sich Hans Hansen und Ingeborg Holm bzw. ihr dänisches Double einfinden. In beiden Kapiteln ist Tonio der gesellschaftliche Außenseiter, was auch räumlich angezeigt wird. Einmal steht er auf der Veranda, das andere Mal vor einer Jalousie, um von dort aus die Gesellschaft der Gewöhnlichen zu beobachten. Auch eine Parallelfigur zu Magdalena Vermehren findet sich in dem blassen dänischen Mädchen, das Tonio seine Aufmerksamkeit widmet, von dem sich Tonio allerdings innerlich zurückzieht.

Tonio – gesellschaftlich und ‚räumlich' ein Außenseiter

Das **dritte Kapitel** müsste nach den Gesetzmäßigkeiten des Aufbaus seine Korrespondenz im **siebten** Kapitel finden. Dem ist auch so. Man sollte allerdings das sechste Kapitel noch hinzuziehen, da in beiden Kapiteln Tonios Weg in den Norden, seine angestammte Heimat, gezeigt wird (der Besuch der norddeutschen Vaterstadt und des elterlichen Hauses im **sechsten Kapitel**; die Wiederbegegnung mit dem Meer im **siebten Kapitel**); dem entspricht spiegelbildlich der Auszug aus seiner Vaterstadt in den Süden im **dritten Kapitel**.

Zur letzten Bestätigung der mehr oder weniger achsensymmetrischen Spiegelung als dem erkannten Aufbauprinzip müsste sich die Achse selbst in den **Kapiteln 4 und 5** finden lassen. Dem ist auch so, denn das Gespräch mit Lisaweta Iwanowna ist die geistige Mitte der Erzählung, in der der Gegensatz von Kunst und Leben, Künstlertum und Bürgertum thematisiert, problematisiert und diskutiert wird. Das Gespräch gipfelt in dem Satz von Lisaweta, der für Tonios Selbsterkenntnis Schlüsselfunktion hat: Lisaweta sagt Tonio, er sei ein verirrter Bürger bzw. ein Bürger auf Irrwegen. Tonio fühlt sich daraufhin „erledigt" (S. 41), verlässt das Atelier Lisawetas und teilt ihr im nächsten Kapitel mit, dass sein

Geistige Mitte der Erzählung

4 MARIO UND DER ZAUBERER
TEXTANALYSE UND -INTERPRETATION

5 REZEPTIONS-
GESCHICHTE

6 MATERIALIEN

7 PRÜFUNGS-
AUFGABEN

3.3 Aufbau

Entschluss gefasst sei, nach dem Norden zurückzukehren. Diese
Wende ist durch die Formulierung Lisawetas ausgelöst.

Betrachtet man *Tonio Kröger* als Novelle, so würde die unerhörte
Begebenheit als novellenspezifisches Moment genau in der unerhör-
ten Aussage Lisawetas, Tonio sei ein verirrter Bürger, vorliegen.

Korrespondierende Kapitel

Hermann Kurzke meint nun, dass die Erzählung eine eigentüm-
liche Statik infolge dieser von einer philosophischen Antithese be-
stimmten Anlage aufweise. Er erhärtet diese These durch die von
ihm aufgedeckten Korrespondenzen bzw. Wiederholungen.

Kap. 1	Liebe zu Hans Hansen	⇄	Kap. 2	Liebe zu Inge Holm
Kap. 1	Schulzeit	⇄	Kap. 6	Besuch in der Heimatstadt
Kap. 2	Tanzstunde	⇄	Kap. 8	Tanzveranstaltung
Kap. 4	Literaturgespräch	⇄	Kap. 9	Brief über Literatur
Kap. 5	Sehnsucht nach der Ostsee	⇄	Kap. 7	Schiffsreise über die Ostsee

„Wiederholungen von präfigurativen Ursituationen prägen, an-
stelle von Handlungsfortschritten, den Bau des ‚Tonio Kröger'.
Das *erste Kapitel* (Liebe zu Hans Hansen) wird durch das zweite
wiederholt (Liebe zu Ingeborg Holm). Das *zweite* (Tanzstunde)
wird vom *achten* gespiegelt (Tanzbelustigung in Aalsgaard).

3.3 Aufbau

Das *vierte* (Literaturgespräch) korrespondiert mit dem *neunten* (Brief an Lisaweta), das *fünfte* mit dem *siebten* (Motiv des Meeres), das **sechste** schließlich (Besuch in Lübeck) mit dem *ersten* (Lübecker Schulzeit)."[6]

Sicherlich weist die Erzählung durch ihre Wiederholungen im Aufbau eine gewisse Statik auf; man wird jedoch auch wahrnehmen müssen, dass ein Handlungsfortschritt durchaus zu beobachten ist. Man kann nämlich die Novelle durchaus als einen verkürzten Bildungs- oder Künstlerroman lesen.

Die Novelle als verkürzter Bildungsroman

„Die Struktur der Erzählung [...] signalisiert in der Tat den Gedanken einer Überwindung. Auf den ersten Blick präsentiert sich die Geschichte als der komprimierte Bildungsroman eines Schriftstellers in der Epoche des Willhelminismus. Das Ziel scheint die Aufhebung der zeittypischen Kunst-Leben-Antinomie zu sein und damit die Neubegründung einer Künstlerschaft im Zeichen einer Versöhnung mit dem Bürgertum."[7]

Der im dritten Kapitel signalisierte Dilettantismus soll überwunden werden. Daran lässt der Schluss keinen Zweifel. Er signalisiert die Abkehr von den „wüsten Abenteuern der Sinne, der Nerven und des Gedankens" (S. 71). Kröger will nicht länger der typisch moderne Künstler im Geiste Nietzsches sein, „zerfressen von Ironie und Geist, verödet und gelähmt von Erkenntnis, [...] zwischen Heiligkeit und Brunst hin und her geworfen, raffiniert, verarmt, erschöpft von kalten und künstlich erlesenen Exaltationen."[8]

Abkehr vom Typus des modernen Künstlers

---

6 Kurzke, *Thomas Mann: Tonio Kröger*, S. 43
7 Vaget, S. 565, in: *Thomas-Mann-Handbuch*, hrsg. v. H. Koopmann
8 Ebd.

3.4 Personenkonstellation und Charakteristiken

3.4 Personenkonstellation und Charakteristiken

Die Personenkonstellation im *Tonio Kröger* ist einfach, denn auf der einen Seite bzw. ganz im Zentrum der Erzählung steht die Titelfigur selbst, Tonio Kröger, und um sie herum gruppieren sich die anderen Figuren, die im Wesentlichen nur Kontrastfiguren und als solche mehr oder weniger schablonenhaft gezeichnet sind.

KUNST VS. LEBEN

Kunst

Leben

Lisaweta Iwanowna
Künstlerin, Malerin

Tonios Mutter
der Kunst zugeneigt

Tonios Vater
der Korrekte

Tonio Kröger
Künstler, Schriftsteller,
der Außenseiter,
der Außergewöhnliche

Herr Knaak
Tanzlehrer

Hans Hansen
blond, blauäugig,
gewöhnlich

der junge Kaufmann
verfasst
sentimentale Verse

Ingeborg Holm
blond, blauäugig,
gewöhnlich

der Leutnant
verfasst Verse

Die Lebensuntüchtigen

Magdalena Vermehren

Adalbert
der Caféhausliterat

das blasse Mädchen

fallen vor Tonio hin

3.4 Personenkonstellation und Charakteristiken

Kontrastfiguren zu Tonio

Antagonismus von Kunst und Leben

Nach dem die Erzählung prägenden Antagonismus von Kunst und Leben kann man auch die Personenkonstellation so umschreiben, dass sich zwei Gruppen ausmachen lassen; zum einen der Künstler oder die Künstler, zum andern diejenigen, die ein unproblematisches Verhältnis zum Leben haben. Tonio nennt die Vertreter dieser Gruppe **die Blonden oder Blauäugigen**, denen seine ganze Sehnsucht, aber auch ein klein wenig Verachtung gilt. Die Blauäugigen sind repräsentiert vor allem durch **Hans Hansen** und **Ingeborg Holm**. Sie verkörpern die Gewöhnlichen, während Tonio der Außergewöhnliche ist.

Um die Mittelpunktfigur in Gestalt des Schriftstellers Tonio sind – allerdings nur skizzenhaft – einige andere Künstler gruppiert:

Die anderen Künstler

Tonios Mutter, die aus dem Süden stammende, der Kunst zugeneigte, etwas liederliche Frau, so ganz das Gegenbild zu Tonios aufs Korrekte achtenden Vater, der ins Groteske und Bizarre verzeichnete Tanzlehrer **Knaak**, der Dilettant, der „Lebendige, der glaubt obendrein bei Gelegenheit einmal ein Künstler sein zu können" (S. 39), wie etwa der **junge Kaufmann**, dem Tonio auf dem Schiff nach Dänemark begegnet und der sentimentale Verse verfasst, oder der **Leutnant**, der Verse macht und von dem er Lisaweta erzählt, und schließlich der Novellist **Adalbert**, der Caféhausliterat, der sich aus dem Frühling ins Café zurückzieht, ein „neutrales, vom Wechsel der Jahreszeiten unberührtes Gebiet [...], das stellt sozusagen die entrückte und erhabene Sphäre des Literarischen dar, in der man nur vornehmerer Einfälle fähig ist" (S. 30).

Zu dieser Personengruppe der Lebensuntüchtigen gehören schließlich noch **Magdalena Vermehren** und **das blasse Mädchen**, das sich beim Tanzen in Dänemark für Tonio interessiert. Ihre Lebensuntüchtigkeit zeigt sich leitmotivisch darin, dass sie vor Tonio hinfallen.

3.4 Personenkonstellation und Charakteristiken

Tonio

Tonio, Sohn eines angesehenen Großkaufmanns, ist ein sensibler, in sich versponnener, leicht verletzlicher Schüler, der schüchtern um die Liebe des starken, unkomplizierten, blonden Hans Hansen wirbt, der jedoch – anders als Tonio – Pferdebücher dem Schiller'schen *Don Carlos* als Lektüre vorzieht, denn er ist die Inkarnation des naiven, unangekränkelten Lebens.

„Das äußere Erscheinungsbild des Vierzehnjährigen, das der Dichter auf den ersten Seiten entwirft, deutet bereits auf Wesenszüge, die in dem Charakterbild Tonio Krögers immer stärker hervortreten: seine ungewöhnliche Empfindsamkeit, die sich mehr und mehr zu nervöser Reizbarkeit steigert, seine Weichheit, seine Verträumtheit, seine Neigung zur Schwermut, seine innere Unsicherheit."[9]

Ungewöhnlich empfindsam

Tonio hat eine künstlerische Veranlagung; er ist **Außenseiter**, zugleich aber sehnt er sich nach der Welt des Ordentlichen, Gewöhnlichen und Lebenstüchtigen. Er fühlt sich in allen Stücken als etwas Besonderes und leidet auch darunter, jedoch nicht ohne einen frühreif-sublimen Selbstgenuss. Er fühlt sich allein und von den Ordentlichen und Gewöhnlichen ausgeschlossen, obgleich er doch kein „Zigeuner im grünen Wagen" (S. 11) sein will, sondern ein Sohn Konsul Krögers. Mit 16 Jahren verliebt sich Tonio während der Tanzstunde in die blonde, blauäugige, lustige, lebensfrohe und aufgeschlossene Ingeborg Holm, Tochter des ortsansässigen Arztes; allerdings bleibt seine Liebe nur reine Sehnsucht, und sie lässt ihn allenfalls „schwermütigen Neid" (S. 17) und „selige Selbstverleugnung" (S. 23) erfahren.

Frühreif-sublimer Selbstgenuss

———

9   Zimmermann, *Thomas Mann. Tonio Kröger*, S. 103 f.

3.4   Personenkonstellation und Charakteristiken

Das zentrale Thema der Novelle

Wenn das zentrale Thema der Novelle der Gegensatz von Geist und Leben bzw. von Künstler und Gesellschaft, dem Außergewöhnlichen und dem Gewöhnlichen, ist und wenn auch nicht der polare Gegensatz behauptet wird, so ist doch die leitende Frage die nach dem Verhältnis, in dem beide Seiten zueinander stehen, ob sie sich gegenseitig bedingen, brauchen, hervorrufen, ob es eine einseitige oder vielleicht sogar beidseitige Sehnsucht der einen Seite nach der jeweils anderen gibt.

Anpassung an die Gesellschaft

Auf der einen Seite sieht man – so stellt es sich zumindest aus der Perspektive Tonios dar – den einen, der – wie Hans Hansen, der Prototyp für diese Gruppe, – rechtschaffen, fröhlich, regelrecht, ordnungsgemäß und im Einverständnis mit Gott und der Welt aufwächst und so in die Gesellschaft problemlos hineinwächst, der von den Harmlosen und Glücklichen geliebt wird. Es sind die Menschen, die Frauen haben werden wie Ingeborg Holm, die dann Kinder haben werden, die wieder so problemlos und glücklich sind wie Hans Hansen.

Fluch der Erkenntnis

Auf der anderen Seite stehen die mit dem Kainsmal an der Stirn, die Gezeichneten, die der Fluch der Erkenntnis gepackt hat, die vom Erkenntnisekel heimgesucht werden. Die Blauäugigen befällt keine Melancholie, sie kennen nicht die schöpferische Qual. Sie leben im Augenblick, ohne Selbstverachtung, sind selbstsicher und ruhen in sich. Sie kennen nicht die Einsamkeit, das Gefühl der Ausgeschlossenheit. Sie wiegen sich im süßen, trivialen Dreitakt des Lebens. Sie genießen, ohne es eigentlich zu wissen, die „Wonnen der Gewöhnlichkeit" (S. 38), nach denen sich Tonio so sehnt.

Aus dem Leben gerissen

Tonio, der **Künstler**, fühlt sich aus der „eigentlichen und ursprünglichen Liebes-, Leides- und Glückesart" (S. 71), dem Leben, gerissen. Das simple und innige Gefühl ist ihm verschlossen und damit fehlt ihm, was er auch Heimat nennt. Er ist heimatlos, ein

3.4 Personenkonstellation und Charakteristiken

Ausgestoßener, zumindest jemand, der sich ausgestoßen vorkommt, auch wenn er nicht direkt aus der Gesellschaft ausgestoßen worden ist. Was ihn kennzeichnet und gezeichnet hat, sind „die wüsten Abenteuer der Sinne, der Nerven und des Gedankens" (S. 71), die er durchlebt hat. Er sieht sich „zerfressen von Ironie und Geist, verödet und gelähmt von Erkenntnis, halb aufgerieben von den Fiebern und Frösten des Schaffens" (S. 71). Ihm fehlt die Geborgenheit des Gewohnten und Gewöhnlichen. Er ist innerlich haltlos, fühlt sich „unter Gewissensnöten zwischen krassen Extremen, zwischen Heiligkeit und Brunst hin- und hergeworfen, raffiniert, verarmt, erschöpft von kalten künstlich erlesenen Exaltationen, verirrt, verwüstet, zermartert, krank" (S. 71).

Die Blauäugigen sind u. a. auch durch **Tonios Vater** charakterisiert. Von ihm heißt es: „Mein Vater [...] war ein nordisches Temperament: betrachtsam, gründlich, korrekt aus Puritanismus und zur Wehmut geneigt" (S. 72). Den Kontrast dazu bildet die Mutter „von unbestimmt exotischem Blut, schön, sinnlich, naiv, zugleich fahrlässig und leidenschaftlich und von einer impulsiven Liederlichkeit" (S. 72). Genau diese „Mischung" (S. 72) aus dem elterlichen Gegensatz verursacht in Tonio jenen Widerspruch, den er verkörpert. Diese Mischung, diese außerordentlichen Möglichkeiten in ihm, wecken die Sehnsucht, zu der je anderen Seite zu gehören, verschaffen ihm als Künstler das schlechte Gewissen, lassen ihn „in allem Künstlertum, aller Außerordentlichkeit und allem Genie etwas tief Zweideutiges, tief Anrüchiges, tief Zweifelhaftes erblicken" (S. 72). So wird er zum **„Bürger auf Irrwegen"** (S. 41), denn er wird dauernd von seiner Sehnsucht nach dem „Simplen, Treuherzigen und Angenehm-Normalen, dem Ungenialen und Anständigen" (S. 72 f.) gequält. Deshalb sehnt er sich zurück nach seiner Heimat; aber er weiß sich dort ausgeschlossen.

Elterlicher Gegensatz verursacht Widerspruch

3.4 Personenkonstellation und Charakteristiken

Vom Literaten zum Dichter

So sucht er nach einer Vermittlung, d. h. nach einer Kunst oder Kunstform, die es ihm erlaubt, auch Bürger zu sein. Er sieht diese Vermittlung in einem Übergang vom Literaten zum Dichter. Er sagt darum einer „dämonischen Schönheit" und jenem Künstlertum der „Stolzen und Kalten [ab], die auf den Pfaden der großen, der dämonischen Schönheit abenteuern und den ‚Menschen' verachten" (S. 73). Tonio liebt den Menschen, und er stellt sich eine Existenz als Dichter vor, wo er diese Liebe, seine „Bürgerliebe zum Menschlichen, Lebendigen, Gewöhnlichen" (S. 73), ganz ausleben bzw. ausschreiben darf. Es wird eine Literatur des Humors sein, nicht mehr eine Literatur der Ironie.

3.5 Sachliche und sprachliche Erläuterungen

Der Name „Tonio Kröger"

Schon der Name soll signalisieren, dass der Held der Novelle „zwischen zwei Welten" steht. Es ist eine „nord-südliche Künstlernovelle".[10] Kröger bildet den nördlichen, bürgerlichen Teil im Namen, Tonio als Antonio den südlich-künstlerischen Anteil. Thomas Mann selbst hat sich dazu wie folgt geäußert:

Ambivalenz im Namen

> „Sie [die Erzählung] handelt vom Süden und vom Norden und von der Mischung beider in einer Person: einer konfliktvollen und produktiven Mischung. Der Süden, das ist in dieser Geschichte der Inbegriff alles geistig-sinnlichen Abenteuers, der kalten Leidenschaft des Künstlertums; der Norden dagegen der Inbegriff aller Herzlichkeit und bürgerlichen Heimat, alles tief ruhenden Gefühls, aller innigen Menschlichkeit."[11]

Die Bezeichnung „Novelle"

Thomas Mann hat – nach Bellmann – seinen Text mehrfach als Novelle, Künstlernovelle, meine Jugendnovelle, lyrische Novelle, aber auch als Prosa-Ballade und Erzählung bezeichnet.

„Erkenntnisekel"

„Es gibt etwas, was ich Erkenntnisekel nenne, Lisaweta: Der Zustand, in dem es Menschen genügt, eine Sache zu durchschauen, um sich bereits zum Sterben angewidert [...] zu fühlen" (S. 36).

---

10 Thomas Mann, *GW* 10, S. 414
11 Ebd., S. 410

3.5 Sachliche und sprachliche Erläuterungen

Anregung bei Nietzsche

Hierzu sei folgende Textstelle aus Nietzsches *Geburt der Tragödie* (1872) angeführt, die Thomas Mann möglicherweise zu entsprechenden Ausführungen im *Tonio Kröger* angeregt hat:

„Die Erkenntnis tötet das Handeln"

„In diesem Sinne hat der dionysische Mensch Ähnlichkeit mit Hamlet: beide haben einmal einen wahren Blick in das Wesen der Dinge getan, sie haben e r k a n n t, und es ekelt sie zu handeln; denn ihre Handlung kann nichts am ewigen Wesen der Dinge ändern, sie empfinden es als lächerlich oder schmachvoll, dass ihnen zugemutet wird, die Welt, die aus den Fugen ist, wieder einzurichten. Die Erkenntnis tötet das Handeln, zum Handeln gehört das Umschleiertsein durch die Illusion – das ist die Hamletlehre, nicht jene wohlfeile Weisheit von Hans dem Träumer, der aus zu viel Reflexion, gleichsam aus einem Überschuss an Möglichkeiten, nicht zum Handeln kommt; nicht das Reflektieren, nein! Die wahre Erkenntnis, der Einblick in die grauenhafte Wahrheit überwiegt jedes zum Handeln antreibende Motiv [...]. In der Bewusstheit der einmal geschauten Wahrheit sieht jetzt der Mensch überall das Entsetzliche oder Absurde des Seins, jetzt versteht er das Symbolische im Schicksal der Ophelia, jetzt erkennt er die Weisheit des Waldgottes Silen: Es ekelt ihn." [12]

---

12 Zit. nach: Bellmann, *Thomas Mann: Tonio Kröger*, S. 27

3.5 Sachliche und sprachliche Erläuterungen

Erläuterung einzelner Stellen

1. Kapitel

S.7	enge Stadt	Lübeck, die Geburtsstadt Thomas Manns
	Wotanshut	weicher, breiter Hut mit hängender Krempe
	Hans Hansen	Modell für diese Figur war Manns Mitschüler: Armin Martens (geb. 1876), Sohn eines Lübecker Kaufmanns und Mühlenbesitzers. Als Thomas Mann von Hermann Lange, einem ehemaligen Klassenkameraden, eine Liste seiner Jugendgenossen erhält, äußert sich Mann zu Armin Martens: „Denn d e n habe ich geliebt – er war tatsächlich meine erste Liebe, und eine zartere, selig-schmerzlichere war mir nie mehr beschieden. [...] Mag es lächerlich klingen, aber ich bewahre das Gedenken an diese Passion der Unschuld wie einen Schatz. Nur zu begreiflich, dass er mit meiner Schwärmerei, die ich ihm einmal an einem ‚großen' Tage gestand, nichts anzufangen wusste. Das lag an mir und an ihm." [13] Die Forschung verweist darauf, dass in die Figur des Hans Hansen auch Züge des Münchener Malers Paul Ehrenberg Eingang gefunden haben. Mit ihm war Thomas Mann seit 1899 befreundet.
S.8	Gurt-Paletot	Überzieher, langer Mantel mit Gürtel
S.10	Consuelo	(span.) Trost
S.13	Pferde-bücher [...] Augenblicks-Photographien	gemeint sind die *Animals in Motion* von Eadweard Muybridge (1830–1904), Erfinder der Bewegungsfotografie und Wegbereiter der Kinematografie

---

13 Ebd., S.7

3.5 Sachliche und sprachliche Erläuterungen

S. 15	**Gewöhnliche**	Thomas Mann an seinen Bruder Heinrich am 5. Dezember 1903: „In *Tonio Kröger* sind als Gegensatz des Künstlers, wie ich ihn verstehe, ‚die Gewöhnlichen' genannt."
S. 16	**Lindenplatze**	zwischen Bahnhof und Holstentor gelegener Platz in Lübeck
S. 17	**das alte, untersetzte Tor**	Holstentor in Lübeck (1477)

2. Kapitel

S. 17	**Gaze-Ärmel**	Gaze ist ein lose gewebter, netzartiger Stoff
S. 18	**Tanzstunde**	Thomas Mann besuchte 1889 zusammen mit seiner Schwester und dem Geschwisterpaar Hansen einen privaten Tanzkurs.
	Behufe	Zweck
	J'ai l'honneur […] mon nom est Knaak.	(franz.) Ich habe die Ehre, mich Ihnen vorzustellen. Mein Name ist Knaak.
S. 19	**Gehrock**	Männerrock, zweireihig mit vorn übereinander stehenden Schößen
	Talkum	auf Böden gestreutes Mineral, das die Böden glatt machen soll
	Eleven	(franz.) Schüler
	Portièren	(franz.) Türvorhang
	Lorgnetten	bügellose Brille mit Stielgriff
	Mazurka	aus einem Volkstanz hervorgegangener Gesellschaftstanz
S. 20	**En avant!**	Vorwärts!
	Quadrille	Gesellschaftstanz, der von jeweils vier Paaren ausgeführt wird, die sich in einem Viereck aufstellen

4 MARIO UND DER ZAUBERER
   TEXTANALYSE UND -INTERPRETATION

5 REZEPTIONS-
   GESCHICHTE

6 MATERIALIEN

7 PRÜFUNGS-
   AUFGABEN

3.5 Sachliche und sprachliche Erläuterungen

S. 21	**Gedicht von Storm [...] musst tanzen**	gemeint ist Storms Gedicht *Hyazinthen* (1852), dessen erste und letzte Strophe mit der Zeile „Ich möchte schlafen, aber du musst tanzen" endet
	Tour	kreisförmige Bewegung, Tanzfiguren bei der Quadrille
	Compliment!	hier: Kommando zur Verbeugung
	Moulinet des dames!	Mühle der Damen, bei der die vier Tänzerinnen ihre rechte Hand aufeinander legen und somit eine kreisende Figur bilden
	Tour de main!	Tänzer und Tänzerinnen machen paarweise eine Drehbewegung umeinander, bei der sie sich eine Hand reichen
	En arrière	rückwärts
	Fi donc!	Pfui!
S. 22	**Folgmädchen**	Zofe, Bedienungspersonal
	Plumcake	(engl.) Kuchen mit Sultaninen, Rosinen, Gewürzen und Rum
	Storms Immensee	Novelle von Storm aus dem Jahre 1850

3. Kapitel

S. 26	**das Mal an seiner Stirn**	Kainszeichen; S. 1 Mose 4, 15; Offb. 7, 3 und 14, 1–4

4. Kapitel

S. 28	**Fixativ**	aufgespritzte Harz- oder Paraffinlösung, um Kohle-, Kreide- und Pastellzeichnungen unverwischbar zu machen

3.5 Sachliche und sprachliche Erläuterungen

S. 31	künstlerisch sind bloß die Gereizt-heiten [...] Nervensystems	Bellmann verweist darauf, dass Nietzsche in der *Fröhlichen Wissenschaft* die durch Leiden erzeugte „intellektuale Reizbarkeit beinahe so viel als Genie, und jedenfalls die Mutter alles Genies nennt." [14]
S. 32	Batuschka	(russ.) Väterchen
	präparierte päpstliche Sänger	Kastraten der päpstlichen Kapelle, die, um ihre Alt-Sopran-Lage der Stimme zu erhalten, noch als Knaben kastriert wurden
	Papyros	hier: russische Zigaretten
S. 33	Attaché	beigeordneter diplomatischer Beamter, Gehilfe von Gesandtschaften
S. 34	süblim	(lat.) verfeinert
S. 35	morbide	kränklich
	Tristan und Isolde	Oper von Richard Wagner
	Dilettant	Liebhaber einer Kunst oder einer Wissenschaft, der sich damit ohne schulmäßige Ausbildung befasst
	Antwort des Horatio [...] betrachten	s. die Kirchhofszene in Shakespeares *Hamlet* (V, 1)
S. 37	Nihilist	Vertreter einer Weltanschauung, die Werte und Normen des Handelns und Erkenntnisgewiss-heiten negiert und damit jeden Sinn des Daseins leugnet
S. 38	Cesare Borgia	Sohn Papst Alexanders VI. (1492–98), Erzbischof von Valencia, ein wegen seiner Rück-sichtslosigkeit bekannter Gewaltmensch

---

14 Ebd., S. 22 f.

3.5 Sachliche und sprachliche Erläuterungen

5. Kapitel

S. 41	Bellezza	(ital.) Schönheit
S. 42	Terrasse von Kronborg	Schloss Kronborg bei Helsingör ist Schauplatz von Shakespeares *Hamlet*. Auf der Terrasse erscheint Hamlet der Geist seines ermordeten Vaters und verlangt von seinem Sohn Rache für seinen Tod.

6. Kapitel

S. 43	Brücke [...] mythologische Statuen	gemeint ist die Puppenbrücke zwischen Bahnhof und Holstentor in Lübeck, die mit mythologischen Figuren geschmückt ist
S. 44	Honneurs machte	Ehrbezeigungen machte, d. h. seine Gäste begrüßte
S. 45	Rosetten	rosenförmige Schleifchen
	pittoresk	malerisch
S. 46	Arkaden	Mauerbogen auf Säulen oder Pfeilern in fortlaufender Reihe
S. 47	Windfangtür	kleiner Vor- oder Einbau bei einer Eingangstür, um den Windzug oder zu großen Wärmeverlust zu vermeiden
S. 52	Individium	Individuum; hier: Kerl
	Porteföhch	Portefeuille, Brieftasche

7. Kapitel

S. 53	Bugspriet	über das Schiffsvorderteil hinausragender Mast
S. 54	Menagerie	Tiergarten
S. 55	Steamer	Dampfer
S. 56	zutunlich	zutraulich
S. 57	Möen, die Insel	südöstlich von Seeland gelegene Insel

3.5   Sachliche und sprachliche Erläuterungen

S. 58	des Königs Neumarkt [...] Pferd in seiner Mitte	der Kopenhagener Königsmarkt mit einem Reiterstandbild Christians V.
	Thorwaldsens [...] Bildwerken	Thorvaldsen (1768–1844): Bildhauer des Klassizismus, dessen bedeutende Werke in einem eigenen Museum in Kopenhagen ausgestellt sind, andere Werke befinden sich in der Frauenkirche
	Tivoli	Vergnügungspark
S. 59	Sund	der Öresund, Meerenge zwischen dem dänischen Seeland und dem südschwedischen Schonen

8. Kapitel

S. 59	Aalsgaard	kleiner Badeort am Sund
	Schlagfluss	Schlaganfall
	Gouverneur	Erzieher von Kindern in vornehmen Familien
	Please give me the wurst-things there!	Bitte gib mir die Wurst-Sachen dort!
S. 59 f.	That's not wurst, that's schinken!	Das ist nicht Wurst, das ist Schinken!
S. 60	konversieren	sich miteinander unterhalten
S. 61	Illumination	Festbeleuchtung
	regnicht	regnerisch
S. 62	Réunion	Gesellschaftsball
	Subskription	Vorausbestellung
S. 64	Polonaise	Polnischer Reigen- und Schreittanz
S. 65	Kapotthütchen	Kopfbedeckung für ältere Frauen

4 MARIO UND DER ZAUBERER
TEXTANALYSE UND -INTERPRETATION

5 REZEPTIONS-
GESCHICHTE

6 MATERIALIEN

7 PRÜFUNGS-
AUFGABEN

3.5   Sachliche und sprachliche Erläuterungen

S. 66	**Post-Adjunkt**	Postgehilfe
	transpirierend	schwitzend
S. 67	**traumblöde**	vom Traum benommen
S. 69	**zum Engagieren auffordern**	zur Teilnahme auffordern
	distinguiert	vornehm
S. 70	***Die Welt als Wille und Vorstellung***	Werk des Philosophen Arthur Schopenhauer (1788–1860), das 1819 erschien
	Das Jüngste Gericht	Fresko Michelangelos in der Sixtinischen Kapelle
	Galopp	schneller Tanz
	chassierend	hier: sich in jagendem Tempo seitwärts beim Tanz fortbewegen
S. 71	**Tak! O, mange Tak!**	(dän.) Danke! O, vielen Dank!
	Exaltationen	leidenschaftliche Erregungen

9. Kapitel

S. 72	**Arkadien**	Hochland auf dem Peloponnes, das durch die spätantike Schäferdichtung zu einem paradiesischen Schauplatz stilisiert wurde und seitdem als Zufluchtsort, als gelobtes Land, galt
	Puritanismus	Sittenstrenge
	Bohémien	Zigeuner, dann allgemein Bezeichnung für das Zigeunerleben der Künstler

3.6 Stil und Sprache

3.6 Stil und Sprache

**ZUSAMMEN-
FASSUNG**

Thomas Mann arbeitet im Wesentlichen mit den Mitteln der Leitmotive (Antagonismus von Kunst und Leben) und der Ironie.

Die im Kapitel zum Aufbau des *Tonio Kröger* dargelegten Beobachtungen haben ihre Auswirkungen auf Stil und Sprache dieser Erzählung. Zum einen verbindet sich die Spiegelungstechnik einzelner Episoden mit der Technik der Leitmotive, zum andern korrespondiert die erzählerische Ironie mit den verschiedenen Reifestufen des Künstlertums Tonios.

Zum Leitmotiv, das Thomas Mann im *Tonio Kröger* als Kompositionsmittel verwendet, schreibt er selbst in seinem Lebensabriss: „Vor allem war [im *Tonio Kröger*] das sprachliche Leitmotiv nicht mehr, wie noch in *Buddenbrooks*, bloß physiognomisch-naturalistisch gehandhabt, sondern hatte eine ideelle Gefühlstransparenz gewonnen, die es entmechanisierte und ins Musikalische hob."[15]

---

15 *GW* 11, S. 115f.

3.6 Stil und Sprache

Leitmotive

Dem **Antagonismus von Kunst und Leben** entsprechend, lassen sich die **Leitmotive** in zwei Reihen ordnen:

LEITMOTIVE

Leben / Bürger		Kunst / Künstler
blond / blauäugig	⟷	dunkle Augen
Vater / Kröger / Konsul	⟷	Mutter
Pferdebücher	⟷	*Don Carlos / Hamlet / Immensee*
Tanzen / Lachen / Musik	⟷	Geist / Erkenntnis / Durchschauen
Empfindung	⟷	Distanz / Separation
Norden / oben [auf der Landkarte]	⟷	Süden / unten [auf der Landkarte]
Springbrunnen / Walnussbaum	⟷	Meer (Ostsee)
Bürger	⟷	Zigeuner im grünen Wagen
Naivität	⟷	Reflexion
Lübeck	⟷	München[16]

Die oben genannten antagonistischen Positionen sind also mit einzelnen Motiven verbunden, die selbst wiederum untereinander Reihen von Motiven bilden, die zu den zwei Gruppen zusammengefasst sind. Immer wenn sich Tonio nach dem Leben bzw. der Bürgerlichkeit sehnt, assoziiert er damit die Blonden und Blauäugigen, wie sie ihm in Gestalt von Hans Hansen und Ingeborg

Motivreihung

---

16 Vgl. zu dieser Aufstellung: Kurzke, *Th. Mann. Tonio Kröger*, S. 41 f. u. Beisbart, S. 108

Holm begegnen. Zu dieser Gruppe gehört auch der Konsul Kröger. Der norddeutsche Name Kröger, Bestandteil des Doppelnamens Tonio/Kröger, ist Element dieser Motivreihe. Dazu gehören auch die bürgerliche norddeutsche Stadt (Lübeck) und der Walnussbaum und der Springbrunnen im Garten des Kröger'schen Anwesens. Die Blauäugigen sind naiv, sie verspüren nichts von dem Erkenntnisekel, der Tonio befällt. Während er vom Geist geleitet ist und alles, sich selbst, die Menschen seiner Umgebung und die gesellschaftlichen Verhältnisse, durchschaut, leben die Blonden im Wesentlichen aus der ungebrochenen Empfindung heraus. Tonio muss zu ihnen Distanz wahren; sie können lachen und tanzen, sich für Pferdebücher begeistern, während Tonio Hans Hansen für eine Lektüre von Schillers *Don Carlos* einnehmen will, dieser jedoch dafür keinerlei wirkliches Interesse aufbringen kann.

Kontrastmotive

„Kontrastmotiv zum Motiv der Blonden und Blauäugigen als der assoziativen Verweisung auf Lebenswillen und Lebensaktivismus ist das Motiv der Zigeuner im grünen Wagen: als Verweisung auf Künstlertum und Ausgeschlossenheit von bürgerlicher Normalität. Kontrastmotiv zum Motiv des Vaters als der assoziativen Verweisung auf Bürgerlichkeit und Ordnung ist das Motiv der Mutter: als Verweisung auf unbürgerlich-künstlerische ‚Liederlichkeit‘. Kontrastmotiv zum Motiv der Pferdebücher als der assoziativen Verweisung auf problemlose Lebensfähigkeit ist das Motiv des *Don Carlos*: als Verweisung auf problematische Intellektualität [dies erklärt auch die Nennung des *Hamlet*]. Kontrastmotiv zu dem Motiv des Springbrunnens und des Walnussbaums als der assoziativen Verweisung auf Heimatlichkeit ist das Motiv des Meeres: als Verweisung auf den künstlerisch-epischen Willen zu einer in der Zone des Todes sich erschließenden Totalität. Kontrastmotiv zum Motiv

3.6   Stil und Sprache

des Tanzens und Lachens als der assoziativen Verweisung auf dionysische Lebenshingabe ist das Motiv der Distanz und der ‚Separation': als Verweisung auf ästhetische Kontemplation als Grundverhältnis zum Leben."[17]

Ironie

So wie sich die Motivreihen gegenseitig relativieren und damit keiner Position das alleinige Recht einräumen, beherrscht auch die erzählerische Ironie den Sprachstil der Erzählung. Zur Leistung der Ironie im *Tonio Kröger* heißt es bei Hans Wysling:

„Der den Konflikt relativierende, untragische Perspektivismus ist im Grunde bereits im Lisaweta-Gespräch angelegt. Auch dort steht das Leben der Kunst nicht als Absolutum gegenüber, nicht als Nietzsches Cesare-Borgia-Wahn und trunkene ‚Vision von blutiger Größe und wilder Schönheit', sondern ‚bescheiden im Kostüm einer stormschen Bürgerlichkeit' (Reinhard Baumgart), als eine liebenswürdige ‚Banalität'. Nur von daher kann auch der oftmals sentimentale Stimmungszauber der Jugendgeschichte einen Sinn bekommen. Die von Tonio Kröger selbst in seinem ‚Erkenntniskel' als ‚Abgrund' verstandene Ironie bringt als spielerisches Organisationsprinzip der Novelle ‚die starren Doppelheiten ins Gleiten' (Pütz). Sie ist das Bindemittel dieser ‚Mischung aus scheinbar heterogenen Elementen: aus Wehmut und Kritik, Innigkeit und Skepsis, Storm und Nietzsche, Stimmung und Intellektualismus' (‚Betrachtung eines Unpolitischen')."[18]

Ironie als spielerisches Organisationsprinzip

---

17   Jendreiek, *Thomas Mann. Der demokratische Roman*, S. 176 f.
18   Wysling, KLL, S. 9439

3.7 Interpretationsansätze

**ZUSAMMEN-
FASSUNG**

Verschiedene Interpretationsansätze gehen alle der Frage
nach, wie die Novelle *Tonio Kröger* von Mann als

→ Künstlernovelle zu interpretieren ist,

→ wie sich Künstler und Bürger zueinander verhalten und

→ wie sich Kunst, Leben und Ironie in der Erzählung
verbinden.

Ein Auszug aus Thomas Manns Abhandlung *Betrachtungen
eines Unpolitischen* wird ebenfalls zur Interpretation der Novelle hinzugezogen.

In einer der ersten Rezensionen zu Thomas Manns *Tonio Kröger*
heißt es bereits, dass „die Novelle eine Art Selbstporträt und Autobiografie des Verfassers der *Buddenbrooks* ist, [aber] ins Typische
erweitert und ins Ewiggültige vertieft" (Vgl. dazu Kap. 5. Rezep-
tionsgeschichte). Der Dichter bzw. der moderne Schriftsteller ist
empfindlich gemacht

Der moderne
Dichter

„gegen den Zwiespalt zwischen seinem Liebesbedürfnis und
dem Egoismus der künstlerischen Produktion, gegen die Weite des Abstandes, den er, um den Überblick zu behalten, dem
Leben gegenüber einnehmen muss, und der ihn von diesem Leben trennt, das er umarmen möchte, und das er nach dem Verhängnis seiner Begabung nur betrachten und schildern darf." [19]

---

19 G. Keyssner, 5. August 1903, in: *Münchner Neueste Nachrichten*, Bd. 56 Nr. 360,
Spalte ‚Belletristisches'

3.7 Interpretationsansätze

Tonio Kröger – eine Künstlernovelle

In einer anderen Rezension ist auf die Einflüsse Schopenhauers und Nietzsches hingewiesen worden:

> „Schopenhauer'scher Pessimismus und ein Radikalismus vom Schlage F, dazu eine starke Dosis überfeinerter Decadence, das ist die Signatur dieses Schriftstellers. In diesem Lichte sieht er sich selbst und so wirkt er auf uns." [20]

Einfluss Schopenhauers und Nietzsches

Tonio Kröger, dies ist nach diesen ersten Rezeptionszeugnissen einsichtig, ist im Wesentlichen als eine Künstlernovelle zu lesen, die den Weg eines Schriftstellers beschreibt und sich dabei der Kunsttheorien Schopenhauers oder Nietzsches in Form der Aneignung oder Auseinandersetzung bedient. Sie thematisiert als Künstlernovelle vor allem das Verhältnis von Geist und Leben bzw. Künstler und Bürger.

Das Verhältnis von Künstler und Bürger

Der Literaturwissenschaftler Helmut Koopmann sieht in der Entwicklung, die die Figur des Tonio in der Erzählung durchläuft, das „Einschwenken ins bürgerliche Fahrwasser." Koopmann meint, in der Novelle sehe Thomas Mann das Bürgerliche neu:

> *„Tonio Kröger* ist die Geschichte des in die Bürgerlichkeit zurückkehrenden ‚Künstlers'. […] *Tonio Kröger* formuliert nichts Geringeres als die Absage an die Welt des reinen Künstlers, des Artisten, die ihm plötzlich als eine außermenschliche und unmenschliche Sphäre erscheinen will, und er formuliert sehr deutlich, wie die Daseinsform des Künstlers in seinen Augen

Rückkehr in die Bürgerlichkeit

———

20 Johannes Weiss, 1. Oktober 1903, in: *Die Christliche Welt*

3.7 Interpretationsansätze

sich nun ausnimmt: ‚Die Begabung für Stil, Form und Ausdruck setzt bereits dies kühle und wählerische Verhältnis zum Menschlichen, ja, eine gewisse menschliche Verarmung und Verödung voraus.' Noch deutlicher zu Lisaweta: ‚Ich sage Ihnen, dass ich es oft sterbensmüde bin, das Menschliche darzustellen, ohne am Menschlichen teilzuhaben.' [...] Lisaweta aber hat am Ende dieser langen bekenntnishaften Tiraden über den Unwert des Künstlers und den Wert des Lebens nur die eine völlig richtige Antwort, dass Tonio Kröger ein Bürger auf Irrwegen, ein verirrter Bürger sei – und eben darum, um die Erkenntnis dieses Irrtums und seine Berichtigung, um den Weg zurück ins Bürgerliche geht es in dieser Novelle. [...] Im Abschlussbrief Tonio Krögers spiegelt sich zum anderen Male die Rückkehr in die Bürgerlichkeit und die Erkenntnis, dass ‚Leben' und ‚Bürgertum' ein und dasselbe sind. Er bekennt: ‚Denn mein bürgerliches Gewissen ist es ja, was mich in allem Künstlertum, aller Außerordentlichkeit und allem Genie etwas tief Zweideutiges, tief Anrüchiges, tief Zweifelhaftes erblicken lässt, was mich mit dieser verliebten Schwäche für das Simple, Treuherzige und Angenehm-Normale, das Ungeniale und Anständige erfüllt.' So bekommt das Bürgerliche plötzlich Konturen, festere Gestalt: aus dem bloß Atmosphärischen ist Normalität und Anständigkeit geworden. [...] Bürgerlichkeit ist fortan nicht mehr bloß die seit altersher vertraute Atmosphäre, sondern ein Wert; und schattenhaft zeichnet sich hier schon ab, was Bürgerlichkeit im folgenden Jahrzehnt bedeuten wird.“[21]

Leben = Bürgertum

Bürgerlichkeit als Wert

Auch Werner Zimmermann sieht Tonios Entwicklung darin, dass dieser am Ende eines Reifeprozesses auf einer höheren Stufe zu seinen Anfängen zurückkehre:

---

21 Helmut Koopmann, *Thomas Mann. Konstanten seines literarischen Werks,* Göttingen 1975, S. 87 ff.

4 MARIO UND DER ZAUBERER
TEXTANALYSE UND -INTERPRETATION

5 REZEPTIONS-
GESCHICHTE

6 MATERIALIEN

7 PRÜFUNGS-
AUFGABEN

3.7 Interpretationsansätze

„Deutete sich am Ende der Jugendzeit die Hinneigung zur vor-
wiegend rationalen Welterfassung an, so endet dieses Stadium
der Entwicklung mit einem Übermächtigwerden der Kräfte des
Gemüts. Wenn Tonio Kröger seine menschliche Existenz nunmehr nicht vollends einbüßen soll, so bleibt in der Tat nur die
Rückkehr zu seinem ,Ausgangspunkt', in jenes Reich, in dem
sein Herz lebte, in die Heimat seiner Jugend also. [...] Dem
,ewigen Gegensatz' zwischen ,Geist' und ,Leben' entspricht in
Tonio selbst der Gegensatz zwischen rationaler und emotio-
naler Welterfassung, zwischen Erkennen und Lieben.

> Gegensatz
> zwischen
> Rationalität und
> Emotionalität

Wenn ,Geist' und ,Leben' so ambivalent erscheinen und
in solch unversöhnlichem Gegensatz einander gegenüberstehen, so ist eben dies schon Ausdruck des rationalen Welt-
und Selbstverständnisses, das den Helden wie den Erzähler in
eine unerträgliche und immer wiederkehrende Spannung ver-
setzt. ,Verödet und gelähmt' von Erkenntnis steht Tonio ,zwi-
schen zwei Welten', wie er noch in seinem Brief an Lisaweta
bekennt. Auch die ,zwischen Geist und Leben spielende Ironie' vermag die Spannung nicht aufzuheben, weil nach dem
Zeugnis des Dichters ,Ironie selbst Intellektualismus im höchsten Grade' ist. Aber der zersetzenden Kraft des ,Geistes' wirkt
die einende Kraft der Liebe entgegen. Sie befreit den Helden
für Augenblicke von der ,Qual der Einsamkeit', dem Fluch der
Individuation und führt ihn immer wieder dem ,Leben' zu, der
,Natur', dem ,Bürgerlichen' oder wie immer die Chiffren hei-
ßen mögen, die der Dichter zur Umschreibung des ,nicht zu Er-
schöpfenden' wählt, das der ursprünglich einen und heilen Welt
näher zu sein scheint als der ,Geist', das ,Genie', die ,Kunst',
die ,Ironie'. Der Liebe gelingt es am Ende gar, die Spannung
zwischen den beiden gegensätzlichen Welten aufzuheben und
das Ästhetische mit dem Ethischen, das Dichterische mit dem

> Ironie

> Aufhebung der
> Gegensätze

3.7   Interpretationsansätze

,Menschlichen, Lebendigen und Gewöhnlichen' zu vereinen. Indessen kann sie sich auch jetzt noch nicht rein entfalten, es bleibt ein Rest lähmender Erkenntnis, es bleibt ,ein klein wenig Verachtung' auch in der ,ganzen keuschen Seligkeit'." [22]

Ulrich Karthaus führt zur inneren Entwicklung des Künstlers Tonio Kröger aus, dass sich dieser vom Literaten zum Dichter entwickle und die ,Gefahr', zum Ästhetizisten, Künstler der Dekadenz bzw. zum Dilettanten zu werden und auf dieser Stufe zu verharren, meidet:

Ursprünglicher Titel der Novelle: *Litteratur*

„Es geht in *Tonio Kröger* um die innere Entwicklung eines Dichters; ursprünglich sollte die Novelle den Titel *Litteratur* tragen. [...] Die Kunst, zumal der Künstler, ist ihm [Tonio Kröger] selbst zunächst etwas Verdächtiges; und beinahe wird er auf der Durchreise in seiner Vaterstadt als ein gesuchter Betrüger verhaftet. Sein ,bürgerliches Gewissen' lässt ihn ,in allem Künstlertum, aller Außerordentlichkeit und allem Genie etwas tief Zweideutiges, tief Anrüchiges, tief Zweifelhaftes' erblicken, aber sein Verlangen nach menschlicher Zuneigung und Nähe bleibt unerfüllt, weil er die ,Wonnen der Gewöhnlichkeit', die er insgeheim ersehnt, nicht zu teilen vermag. Denn die Kunst, zumal die Literatur, verwandelt die Menschen zu ,Dämonen, Kobolden, tiefen Unholden und erkenntnisstummen Gespenstern'. [...]

Liebe als Ausweg

Der Ausweg aus dieser Spannung ist die Empfindung der ,Liebe', die er während seiner kalten und analysierenden literarischen Tätigkeit pflegt und die in seine Dichtung hineinströmt. ,Ironie und Geist' werden durch den ,Humor' korrigiert und ergänzt, so dass aus einem ,Literaten' ein ,Dichter' wird. [...] Die

22 Zimmermann, *Thomas Mann. Tonio Kröger*, S. 108 u. 123f.

3.7   Interpretationsansätze

Existenz [der Literaten] gleicht der des Dilettanten, der seine
Empfindungen kultiviert und zu diesem Zweck seine Sensibili-
tät steigert. [...] Der ‚Zustand des Abbröckelns und der Zerset-
zung' führt bei Tonio Kröger zu der Einsicht, ‚dass er die Möglichkeiten zu tausend Daseinsformen in sich trage, zusammen
mit dem heimlichen Bewusstsein, dass es im Grunde lauter
Unmöglichkeiten seien'. Anders aber als der Dilettant, der nur
genießt, ist Tonio Kröger – und das verdankt er wohl seinem
Autor – mit ‚zäh ausharrendem und ehrsüchtigem Fleiß' begabt;
dies Erbteil seiner Vorfahren, das bürgerlich-protestantische
Leistungsethos, bestimmt sein Künstlertum mindestens so stark
wie seine geistige Herkunft aus der Dekadenz. [...] Das Leben
ist für Thomas Mann nicht ‚irgendeine trunkene Philosophie',
‚sondern das Normale, Wohlanständige und Liebenswürdige
ist das Reich unserer Sehnsucht, ist das Leben in seiner verführerischen Banalität'. [...] Das erste Werk des Dichters Tonio
Kröger ist ‚voll Humor und Kenntnis des Leidens'. Verwandelt   Verwandlung von
die ‚Kenntnis des Leidens' die Ironie in Humor, so kann dieser   Ironie in Humor
als das Heilmittel gegen das ‚Leiden an der Erkenntnis' verstanden werden, das den Dekadenz-Literaten erfüllt. Neben
dem bürgerlichen Leistungsethos und der menschlichen Sehnsucht nach dem Leben ist für Tonio Krögers Künstlertum der
‚Geschmack' die bestimmende Grundlage; später hat sein Autor ihn mit dem ‚Takt' zusammen genannt. Es ist der Spürsinn
für das Banale, das in der Kunst wie im Leben Unmögliche, von
der Geschichte Überholte. Das sensible Empfinden dafür ver-
schmäht die billigen Wirkungen, die eine andere Künstlerfigur
der Novelle hervorbringt, der Ballettmeister Knaak. [Dessen]
Dummheit ist eine unreflektierte Naivität, sie weiß nichts vom
Leiden, sie erkennt nichts und denkt nicht nach. Alles, worauf es
diesem Künstlertum ankommt, ist, sein Publikum zu unterhalten

3.7 Interpretationsansätze

und ‚gänzlich zu verblüffen'. So sehr auch der Dichter ‚mimt', so wenig erschöpft sich doch in der unterhaltsamen Tätigkeit des Mimen sein Künstlertum: das bewusste Komponieren muss die natürliche Begabung und Veranlagung kontrollieren."[23]

Auch Eichner und Helmut Jendreiek sehen eine entsprechende Entwicklung in der Figur Tonios. Sie mögen mit zwei Zitaten hier noch kurz zu Wort kommen:

Vereinigung der Gegensätze im Künstler

„Wenn Mann seinen Tonio aber am Ende der Novelle erkennen lässt, dass seine Liebe zum Leben ganz so Bedingung seiner Kunst ist wie seine kühle Objektivität, so wird hier das Schema der Antithesen zum ersten Male durchbrochen. Lebensliebe und Lebensferne, Leben und Geist – im Künstler sind sie vereinigt, die Gegensätze können und sollen geschlichtet werden: mit dem Entweder-Oder ist es nicht getan."[24]

Jendreiek betont die Synthese des Schlusses und deutet sie wie folgt:

Versöhnung zwischen Künstlertum und Bürgerlichkeit

„Die Versöhnung zwischen Künstlertum und Bürgerlichkeit bei Thomas Mann dient der Kunst selbst, ihrer produktiven Steigerung und sozialen Humanisierung, autobiografisch der Selbstbehauptung eines Künstlers großbürgerlicher Herkunft, der bürgerlich bestehen und allen antikünstlerischen Skeptizismus des Bürgertums durch Theorie und Leistung widerlegen und versöhnen möchte."[25]

---

23 Karthaus, S.53–55
24 Eichner, *Thomas Mann. Eine Einführung in sein Werk*, Bern ²1961, S.24 f.
25 Jendreiek, *Thomas Mann. Der demokratische Roman*, Düsseldorf 1977, S.198 f.

3.7   Interpretationsansätze

Die Verbindung von Kunst, Leben und Ironie

Thomas Mann selbst hat sich mehrfach über seine Erzählung *Tonio Kröger*, die ihm wohl besonders ans Herz gewachsen war, geäußert. Auch seine Äußerungen sind wichtige Ansätze zu einer Interpretation, darum seien sie im Folgenden kurz zusammengestellt. Sie umkreisen das Verhältnis von Ironie, Kunst und Leben und helfen, das Verhältnis von Thomas Mann zu Nietzsche abzuklären.

Zu seinem Gebrauch des Begriffes „Ironie" sei zunächst folgende Stelle aus einem Brief an Samuel Lublinski vom 23. Mai 1904 angeführt:

„Ich weiß recht gut, dass ich mit meiner unpolitischen und radikalen Ehrlichkeit Alles gethan habe, die Leute confus zu machen. Nach dem Kunstgespräch in *Tonio Kröger* kann ich nicht mehr verlangen, dass Carl Busse klug aus mir wird. Was eigentlich Ironie ist, das wissen in Deutschland fünf, sechs Menschen, mehr nicht; und dass sie nicht schlechthin ‚Herzenskälte', sondern nur eine Art geistiger Zucht, Disziplin, ‚Haltung', artistischer Würde (und noch einiges Andere) zu bedeuten braucht, das fällt den Thoren niemals ein." [26]

Ironie

Thomas Mann: *Betrachtungen eines Unpolitischen*

In seinen *Betrachtungen eines Unpolitischen* heißt es dann zum ironischen Stil im *Tonio Kröger*:

„Es sind in geistig-dichterischer Hinsicht zwei brüderliche Möglichkeiten, die das Erlebnis Nietzsches zeitigt. Die eine ist jener Ruchlosigkeit- und Renaissance-Ästhetizismus, je-

---

26 Bellmann, *Thomas Mann: Tonio Kröger*, S. 62 f.

1 SCHNELL-
ÜBERSICHT

2 THOMAS MANN:
LEBEN UND WERK

3 TONIO KRÖGER
TEXTANALYSE UND -INTERPRETATION

3.7 Interpretationsansätze

ner hysterische Macht-, Schönheits- und Lebenskult, worin eine gewisse Dichtung sich eine Weile gefiel. Die andere heißt I r o n i e, – und ich spreche damit von meinem Fall. In meinem Falle wurde das Erlebnis der Selbstverneinung des Geistes zugunsten des Lebens zur Ironie, – einer sittlichen Haltung, für die ich überhaupt keine andere Umschreibung und Bestimmung weiß als eben diese: dass sie die Selbstverneinung, der Selbstverrat des Geistes zugunsten des Lebens ist, – wobei unter dem ‚Leben‘, ganz wie beim Renaissance-Ästhetizismus, nur in einer anderen, leiseren und verschlageneren Gefühlsnuance, die Liebenswürdigkeit, das Glück, die Kraft, die Anmut, die angenehme Normalität der Geistlosigkeit, Ungeistigkeit verstanden wird."[27]

Verrat des Geistes zugunsten des Lebens

An einer anderen Stelle kommt Thomas Mann nochmals auf die ironische Schreibweise im *Tonio Kröger* zu sprechen. Er zitiert sich selbst, indem er eine Passage aus dem *Tonio Kröger* („Ich bewundere die Stolzen [...]" bis „[...] eine klingende Schelle sei." S. 73) anführt und sie wie folgt kommentiert:

„Hier war freilich ein Verhältnis zum ‚Leben‘ ausgedrückt, welches sich von dem dionysischen Lebenskult jener Abenteurer auf den Pfaden ruchloser Schönheit beträchtlich unterschied. ‚Stolz und kalt‘ nannte ich sie; denn ich wusste – wusste es, wie ich es heute weiß, dass in meinem ‚bürgerlichen‘ Pessimismus, meiner ‚noch nicht zur Kunst gelangten‘ Lebensverneinung mehr Liebe zum Leben und seinen Kindern steckt als in ihrer theoretischen Lebensverherrlichung. Ironie als Liebe, – kein Nerv in ihnen wusste etwas von solchem Erlebnis."[28]

Liebe zum Leben

---

27 *GW* 12, S. 25 f.
28 *GW* 12, S. 54

3.7 Interpretationsansätze

Mann nimmt sich an einer weiteren Stelle der *Betrachtungen* der
Begriffe Geist, Kunst, Leben und Ironie unter direktem Hinweis auf
Tonio Kröger an und klärt dabei sowohl das Verhältnis dieser für
die Erzählung zentralen Begriffe als auch sein eigenes Verhältnis
zu Nietzsche. Außerdem sucht er nach Ursachen für den Erfolg,
den *Tonio Kröger* für die damalige junge Generation darstellte:

> „Die Sache war die, dass, während in *Buddenbrooks* nur der
> Schopenhauer-Wagnersche Einfluss, der ethisch-pessimis-
> tische und der episch-musikalische, sich hatte geltend machen
> können, in *Tonio Kröger* das Nietzsche'sche Bildungselement
> zum Durchbruch kam, das fortan vorherrschend bleiben sollte.
> Der dithyrambisch-konservative Lebensbegriff des lyrischen
> Philosophen und seine Verteidigung gegen den moralisch-
> nihilistischen Geist, gegen die ‚Literatur‘, war in dem Erlebnis
> und Gefühl, das die Novelle gestaltete, zur erotischen Ironie
> geworden, zu einer verliebten Bejahung alles dessen, was nicht
> Geist und Kunst, was unschuldig, gesund, anständig-unproble-
> matisch und frei vom Geist ist, und der Name des Lebens, ja
> der der Schönheit fand sich hier, sentimentalisch genug, auf die
> Welt der Bürgerlichkeit, der als selig empfundenen Gewöhn-
> lichkeit, des Gegensatzes von Geist und Kunst übertragen.
> Kein Wunder, dass dergleichen der Jugend gefiel. Denn wenn
> das ‚Leben‘ gut dabei wegkam, ‚der Geist‘ kam noch besser weg,
> denn er war der Liebende, und ‚der Gott‘ ist im Liebenden, nicht
> im Geliebten, was auch ‚der Geist‘ hier ganz genau wusste. Was er
> noch nicht wusste oder vorläufig beiseite ließ, war die Tatsache,
> dass nicht nur der Geist nach dem Leben, sondern auch das Le-
> ben nach dem Geiste verlangt, und dass sein Erlösungsbedürf-
> nis, seine Sehnsucht, sein Schönheitsgefühl – denn Schönheit ist
> nichts als Sehnsucht – vielleicht ernster, vielleicht ‚göttlicher‘,

Der Einfluss
Nietzsches

Zwischen Bür-
gerlichkeit und
Künstlertum

3.7   Interpretationsansätze

vielleicht weniger hoch- und übermütig ist als das des ‚Geistes‘. Ironie aber ist immer Ironie nach beiden Seiten hin, etwas Mittleres, ein Weder-Noch und Sowohl-Als-Auch, – wie denn ja auch Tonio Kröger sich als etwas Ironisch-Mittleres zwischen Bürgerlichkeit und Künstlertum empfand und wie schon sein Name das Symbol für jederlei Mischungsproblematik abgeben musste, für die romanisch-deutsche Blutmischung nicht nur, sondern auch für die Mittelstellung zwischen Gesundheit und Raffinement, Anständigkeit und Abenteurertum, Gemüt und Artistik: ein Situationspathos, das wiederum offenkundig von demjenigen Nietzsches beeinflusst war, der den Erkenntniswert seiner Philosophie geradezu daraus ableitete, dass er in beiden Welten zu Hause ist, in der Dekadenz und der Gesundheit, – er stehe, hatte er gesagt, zwischen Niedergang und Aufgang.

Das ganze Produkt war eine Mischung aus scheinbar heterogenen Elementen: aus Wehmut und Kritik, Innigkeit und Skepsis, Storm und Nietzsche, Stimmung und Intellektualismus. Kein Wunder, wie gesagt, dass die Jugend hier zugriff. [...] Jugend trachtet nach dem Geistigen viel mehr als nach dem Plastischen, und was sie in diesem Falle erregte, war ohne Zweifel die Art, wie in der kleinen Geschichte der Begriff ‚Geist‘ gehandhabt wurde, wie er zusammen mit dem der ‚Kunst‘ unter dem Namen der ‚Literatur‘, dem unbewussten und stummen Leben entgegengesetzt wurde. Was sie fesselte, war ohne Zweifel das radikalliterarische, das intellektualistisch-zersetzende Element in dem kleinen Werk – und wenn das andere, das deutsche, gemüthaftkonservative, diesem Gefallen keinen Abbruch tat, sondern es sogar noch verstärkte, so war es, weil es als Ironie erschien und weil Ironie selbst Intellektualismus im höchsten Grade ist.“[29]

Mischungsproblematik *(margin)*

Heterogene Elemente *(margin)*

Geist, Kunst und Literatur *(margin)*

---

29   *GW* 12, S. 91–93

4 MARIO UND DER ZAUBERER
TEXTANALYSE UND -INTERPRETATION

5 REZEPTIONS-
GESCHICHTE

6 MATERIALIEN

7 PRÜFUNGS-
AUFGABEN

4.1 Entstehung und Quellen

4. *MARIO UND DER ZAUBERER* TEXTANALYSE UND -INTERPRETATION

4.1 Entstehung und Quellen

**ZUSAMMEN-
FASSUNG**

→ Die Novelle entstand anlässlich eines Aufenthaltes in einem italienischen Badeort.
→ Die erste Niederschrift erfolgte vom 29. Juli bis 23. August 1929.
→ Sie wurde 1930 unter dem Titel *Tragisches Reiseerlebnis* in Velhagen & Klasings Monatsheften, dann etwas später im gleichen Jahr in Buchform unter dem Titel *Mario und der Zauberer* veröffentlicht.

Das Ehepaar Mann plante, zusammen mit den beiden Kindern Elisabeth und Michael einen Urlaub im September des Jahres 1925 in Forte dei Marmi zu verbringen, verbrachte aber schließlich auf der Insel Ischia in Casamicciola die Urlaubswochen. Ein Jahr später quartierte sich das Paar mit den beiden jüngsten Kindern vom 31. 8. bis 13. 9. in der Pension Regina in Forte dei Marmi ein.

Aus diesem Urlaub schreibt Mann an Hugo von Hofmannsthal am 7. 9. 1926:

„Unser Aufenthalt hier geht zu Ende, am 11. reisen wir. Wir haben Licht und Wärme in Überfülle gehabt, und die Kinder waren glückselig am Strande und im warmen Meer. An kleinen Widerwärtigkeiten hat es anfangs auch nicht gefehlt, die mit dem derzeitigen unerfreulichen überspannten und fremden-feindlichen nationalen Gemütszustand zusammenhingen, und

Familie Manns
Urlaub in Italien

4.1 Entstehung und Quellen

uns belehrten, dass man jetzt nicht gut tut, einen Badeort dieses Landes in der rein italienischen Hochsaison aufzusuchen. Erst seitdem bei vorschreitender Jahreszeit das slawisch-deutsche Element sich ausbreitet, fühlt man sich behaglich. Natürlich hat das eigentliche Volk seine Liebenswürdigkeit bewahrt und steht geistig nicht unter dem blähenden Einfluss des Duce. Im Ganzen aber kann ich nicht sagen, dass dieser Besuch meine Achtung vor den Italienern gehoben hätte, trotz schöner physischer und intellektueller Gaben. Das eigentlich europäische Niveau halten eben doch Franzosen und Deutsche."[30]

In einem Brief an Otto Hoerth vom 12.6.1930 schreibt Thomas Mann über seine Begegnung mit einem Zauberer in Forte dei Marmi:

Wahres Urlaubs-erlebnis:
Der Zauberer

„Da es Sie interessiert: Der ‚Zauberkünstler' war da und benahm sich genau, wie ich es geschildert habe. Erfunden ist nur der letale Ausgang: In Wirklichkeit lief Mario nach dem Kuss in komischer Beschämung weg und war am nächsten Tage, als er uns wieder den Thee servierte, höchst vergnügt und voll sachlicher Anerkennung für die Arbeit ‚Cipollas'. Es ging eben im Leben weniger leidenschaftlich zu, als nachher bei mir. Mario liebte nicht wirklich, und der streitbare Junge im Parterre war nicht sein glücklicherer Nebenbuhler. Die Schüsse aber sind nicht einmal meine Erfindung.

Als ich von dem Abend hier erzählte, sagte meine ältere Tochter [Erika Mann]: ‚Ich hätte mich nicht gewundert, wenn er ihn niedergeschossen hätte.' Erst von diesem Augenblick war das Erlebte eine Novelle, und um sie auszuführen, brauch-

--- ---

30 Zit. nach: Pörnbacher, *Thomas Mann. Mario und der Zauberer*, S. 24 f.

4.1 Entstehung und Quellen

te ich das Atmosphäre gebende anekdotische Detail vorher, –
ich hätte sonst keinen Antrieb gehabt, davon zu erzählen, und
wenn Sie sagen: ohne den Hotelier hätte ich Cipolla am Leben
gelassen, so ist die Wahrheit eigentlich das Umgekehrte: um
Cipolla töten zu können, brauchte ich den Hotelier – und das
übrige vorbereitende Ärgernis. Weder Fuggiero noch der zor-
nige Herr am Strande, noch die Fürstin hätten sonst das Licht
der Literatur erblickt."[31]

Eine erste Niederschrift der Novelle erfolgt während eines Urlaubs
in Rauschen, Samland (29.7. bis 23.8.1929). In einem Brief an
Claire Goll vom 21.9.1931 schreibt Mann über die Umstände seines Schreibens:

„Ich denke auch nicht ungern an die kleine Geschichte zurück,
die ich am Strande schrieb. Es war mir merkwürdig, zu sehen,
wie aus dem Persönlichen und Privaten etwas Symbolisches
und Ethisches erwuchs."[32]

In *On Myself* findet sich über die Entstehung des Textes folgende
Äußerung Thomas Manns:

„Da ich mich aber nicht einsperren lassen wollte, beschloss ich,
den *Joseph* für die Feriendauer ad acta zu legen und eine kleine
Arbeit zu beginnen, die sich im Strandkorb schreiben, sozusagen aus der Luft greifen ließe. Und so entstand die Erzählung
Mario und der Zauberer, die den Untertitel *Ein tragisches Reiseerlebnis* trägt; die Geschichte von dem Hypnotiseur, den sein

---

31 Ebd., S.26
32 Ebd., S.29

1 SCHNELL-
ÜBERSICHT

2 THOMAS MANN:
LEBEN UND WERK

3 TONIO KRÖGER
TEXTANALYSE UND -INTERPRETATION

4.1 Entstehung und Quellen

Politische An-
spielung wurde
verstanden

Opfer zuletzt erschießt. Die politisch-moralische Anspielung, in Worten nirgends ausgesprochen, wurde damals in Deutschland, lange vor 1933, recht wohl verstanden: mit Sympathie oder Ärger verstanden, die Warnung vor der Vergewaltigung durch das diktatorische Wesen, die in der menschlichen Befreiungskatastrophe des Schlusses überwunden und zunichte wird."[33]

Novelle
erscheint
1930

Die Erzählung erschien unter dem Titel *Tragisches Reiseerlebnis. Novelle* in Velhagen & Klasings Monatshefte, Bielefeld und Leipzig, Jg. 44, Heft 8, April 1930, S. 113–136 und später in Buchform unter dem Titel *Mario und der Zauberer. Ein tragisches Reiseerlebnis* in Berlin bei S. Fischer 1930.

---

33 Ebd., S. 29 f.

4.2 Inhaltsangabe

4.2 Inhaltsangabe

ZUSAMMEN-
FASSUNG

Es wird die Geschichte eines Badeurlaubs erzählt, der zu Beginn zunächst durch eine schlechte Unterkunft, später vom unterschwellig fremdenfeindlichen Betragen der italienischen Badegäste empfindlich gestört wird. Dennoch reist man nicht ab. Das Geschehen spitzt sich zu, als der Zauberer Cipolla auftritt, der in seiner Person das „eigentümlich Bösartige der Stimmung" (S. 74) zum Ausdruck bringt. Cipolla ist ein hässlicher, zudem kranker Mann, dem es aber durch eine gewaltige Willensanstrengung gelingt, stark zu sein und durch seine hypnotischen Fähigkeiten italienische wie deutsche Feriengäste in seinen Bann zu ziehen. Auch der Erzähler kann sich teilweise der Macht seiner Persönlichkeit nicht entziehen. Er ist dann einer, der gegenüber dem Leben zu kurz gekommen ist und sich nun am Leben rächt. Erst die ausdrücklich als Befreiung empfundene Tat eines tief verletzten Menschen vermag die suggestive Wirkung dieses Psychologen zu durchbrechen. Der hypnotisierte Kellner Mario küsst den Zauberer, weil er glaubt, seine Freundin vor sich zu haben, und erschießt ihn, als er erkennt, was er getan hat.

Der erste Abschnitt der Erzählung ist eine andeutende, aber zugleich auch schon wertende Zusammenfassung der dann später mit dem zweiten Abschnitt anhebenden Erzählung des tragischen Reiseerlebnisses:

4.2 Inhaltsangabe

Der Beginn der
Erzählung

„Die Erinnerung an Torre di Venere ist atmosphärisch unan-
genehm. Ärger, Gereiztheit, Überspannung lagen von Anfang
an in der Luft, und zum Schluss kam dann noch der Choc mit
diesem schrecklichen Cipolla, in dessen Person sich das eigentümlich Bösartige der Stimmung auf verhängnishafte und übrigens menschlich sehr eindrucksvolle Weise zu verkörpern und
bedrohlich zusammenzudrängen schien. Dass bei dem Ende mit
Schrecken (einem, wie uns nachträglich schien, vorgezeichneten
und im Wesen der Dinge liegenden Ende) auch noch die Kinder
anwesend sein mussten, war eine traurige und auf Missverständ-
nis beruhende Ungehörigkeit für sich, verschuldet durch die
falschen Vorspiegelungen des merkwürdigen Mannes. Gottlob
haben sie nicht verstanden, wo das Spektakel aufhörte und die
Katastrophe begann, und man hat sie in dem glücklichen Wahn
gelassen, dass alles Theater gewesen sei." (S. 74)

Der italienische Badeort Torre di Venere

In den ersten Abschnitten wird nun genauer umrissen, worin
denn der Ärger, die Gereiztheiten und schließlich die Überspannung liegen, die von Anfang an den Ferienaufenthalt der Familie
des Ich-Erzählers begleiten. Torre di Venere ist ein italienischer
Ferienort, fünfzehn Kilometer von Portoclemente entfernt, einer
der beliebtesten italienischen Badeorte am Tyrrhenischen Meer.
Der Ort ist städtisch-elegant und monatelang überfüllt. So auch
in diesem Jahr, zumal die Familie des Erzählers – wie sie empfindet – etwas „zu früh" aus Deutschland hier angereist ist, denn
die „italienische Saison stand noch in vollem Flor; das ist für
Fremde der rechte Augenblick nicht" (S. 75). So muss man in dem
Grand Hotel, in dem man Quartier genommen hat, die Erfahrung
machen, dass es sich „so sehr in den Händen der florentinischen
und römischen Gesellschaft [befindet], dass er [der Fremde, also

4 MARIO UND DER ZAUBERER
TEXTANALYSE UND -INTERPRETATION

5 REZEPTIONS-
GESCHICHTE

6 MATERIALIEN

7 PRÜFUNGS-
AUFGABEN

4.2 Inhaltsangabe

hier der Deutsche] sich isoliert und augenblicksweise wie ein Gast zweiten Ranges vorkommen mag" (S. 76). So muss man sich an einen Tisch im Speisesaal des Hotels verwiesen sehen, der so gar nicht den eigenen Vorstellungen und Wünschen der Platzierung entspricht. Zu den Hotelgästen gehört auch der „römische Hochadel" (S. 77). Eine Fürstin fürchtet sich vor Ansteckung mit Keuchhusten, den die Kinder des Erzählers hatten, und sie veranlasst, dass die Direktion des Hauses eine Umquartierung der Familie des Erzählers in einen Nebenbau des Grand Hotels anordnet. Die Servilität und Wortbrüchigkeit des Gastwirtes verärgert den Erzähler so sehr, dass er und seine Familie das Hotel verlassen und in eine von ihnen selbst gewählte Pension, Pensione Eleonora, einziehen.

Gereizte Atmosphäre

Aber es sind nicht so sehr die unerträgliche Hitze, die „Schreckensherrschaft der Sonne" (S. 80), die Überfüllung des Badeortes oder das Unwohlsein am Strand, das die Gereiztheit der Atmosphäre verursachen, es ist eher, dass „Politisches umging, die Idee der Nation im Spiele war" (S. 82):

Politisches liegt in der Luft

> „dies Publikum ‚hielt auf sich' – man wusste zunächst nicht recht, in welchem Sinn und Geist, es prästabilierte Würde, stellte voreinander und vor dem Fremden Ernst und Haltung, wach aufgerichtete Ehrliebe zur Schau. […] Tatsächlich wimmelte es am Strande von patriotischen Kindern, – eine unnatürliche und niederschlagende Erscheinung" (S. 82).

Die Kinder des Erzählers werden von den italienischen Kindern zurückgewiesen, die Erwachsenen, statt den Streit und die Auseinandersetzungen zu schlichten, mischen sich „weniger schlichtend

4.2 Inhaltsangabe

Aufregung am Strand um die nackte Tochter des Erzählers im Film *Mario und der Zauber* (1994) © ddpimages

als entscheidend und Grundsätze wahrend ein, Redensarten von der Größe und Würde Italiens fielen, unheiter-spielverderberische Redensarten" (S. 82).

Der erste Eskalationspunkt – Die Nacktheit der Tochter am Strand

Der erste Eskalationspunkt ist, dass sich die italienischen Badegäste über die Nacktheit des Töchterchens des Erzählers am Strand entsetzt zeigen. Sie halten die Nacktheit des Kindes, das keinen Badeanzug trägt, für die Erregung öffentlichen Ärgernisses, die Verletzung der öffentlichen Moral.

4.2 Inhaltsangabe

„Ein Herr in städtischem Schniepel, den wenig strandgerechten Melonenhut im Nacken, versichert seinen entrüsteten Damen, er sei zu korrigierenden Schritten entschlossen; er tritt vor [die Familie des Erzählers] hin, und eine Philippika geht auf uns nieder, in der alles Pathos des sinnenfreudigen Südens sich in den Dienst spröder Zucht und Sitte gestellt findet. Die Schamwidrigkeit, die wir uns hätten zuschulden kommen lassen, hieß es, sei umso verurteilenswerter, als sie einem dankvergessenen und beleidigenden Missbrauch der Gastfreundschaft Italiens gleichkomme. Nicht allein Buchstabe und Geist der öffentlichen Badevorschriften, sondern zugleich auch die Ehre seines Landes seien freventlich verletzt, und in Wahrung dieser Ehre werde er, der Herr im Schniepel, Sorge tragen, dass unser Verstoß gegen die nationale Würde nicht ungeahndet bleibe." (S. 83 f.)

"Verstoß gegen die nationale Würde"

Die Beteuerungen des Erzählers, ihm habe jede Provokation und Respektlosigkeit fern gelegen, reicht als Entschuldigung nicht aus. Die Behörde wird telefonisch informiert, deren Vertreter erscheint am Strand, man muss ihm ins Municipio folgen, wo ein höherer Beamter das vorläufige Urteil bestätigt und ein Sühne- und Lösegeld von fünfzig Lire auferlegt wird.

Trotz all dieser Widrigkeiten, die ihm und seiner Familie widerfahren, bricht der Erzähler seinen Urlaub nicht ab und reist auch nicht ab. Im Nachhinein wünscht er sich: „Hätten wir es nur getan! Wir hätten dann diesen fatalen Cipolla vermieden" (S. 84). Der Erzähler selbst erklärt sich, warum er keinen Ortswechsel vornahm, zum einen mit einer gewissen Trägheit, zum andern führt er an: „Wir blieben auch deshalb, weil der Aufenthalt uns merkwürdig geworden war, und weil Merkwürdigkeit ja in sich selbst einen Wert bedeutet, unabhängig von Behagen und Unbehagen." (S. 85)

Trotz Unannehmlichkeiten kein Ortswechsel

1 SCHNELL-
   ÜBERSICHT

2 THOMAS MANN:
   LEBEN UND WERK

3 TONIO KRÖGER
   TEXTANALYSE UND -INTERPRETATION

4.2 Inhaltsangabe

Der Zauberer Cipolla kündigt sich an

Inzwischen ist auch die Ferienzeit so weit fortgeschritten, dass die Nachsaison begonnen und sich der Ort wie der Strand „entnationalisiert" (S. 85) haben. Das Leben wird wieder „europäischer" (S. 85). In diesem Augenblick kündigt sich Cipolla an. Plakate zeigen eine Veranstaltung des Zauberkünstlers an, und es sind vor allem die Kinder des Erzählers, die diesen bedrängen, man möge eine Veranstaltung besuchen. Bedenken, die Veranstaltung mit den Kindern zu so später Stunde zu besuchen, werden weggewischt, und ein „gewisses Zerstreuungsbedürfnis" (S. 87) auf Seiten der Erwachsenen gibt schließlich den Ausschlag dafür, dass zu der Abendveranstaltung vier Eintrittskarten erworben werden.

Die Veranstaltung des Zauberkünstlers

Die Veranstaltung findet in einem Saalbau statt, der während der Hochsaison als Kinoraum gedient hat. Das Publikum ist gemischt, die Kinder finden unter den Anwesenden einige Freunde, u. a. Mario, der ihnen im Esquisito die Schokolade serviert hat:

> „Auch er will den Zauberer sehen, und er muss früh gekommen sein, er steht fast vorn, aber er bemerkt uns [die Familie des Erzählers] nicht" (S. 88).

Cipolla tritt mit Verspätung auf die Bühne

Der Auftritt des Zauberers lässt auf sich warten. Das Publikum wird unruhig. Cipolla hat die Verzögerung des Beginns offensichtlich mit eingeplant. Als das Publikum seinen Unmut artikuliert, tritt er mit einem „Geschwindschritt [auf], in dem Erbötigkeit gegen das Publikum sich ausdrückt und der die Täuschung erweckt, als habe der Ankommende in diesem Tempo schon eine weite Strecke zurückgelegt" (S. 89).

4.2   Inhaltsangabe

Cipolla ist

„ein Mann schwer bestimmbaren Alters, aber keineswegs mehr   Beschreibung
jung, mit scharfem, zerrüttetem Gesicht, stechenden Augen,   des Zauberers
faltig verschlossenem Munde, kleinem, schwarz gewichstem
Schnurrbärtchen und einer sogenannten Fliege in der Vertie-
fung zwischen Unterlippe und Kinn." (S. 90)

Er erinnert an einen Scharlatan, einen Possenreißer. Der Erzähler
bemerkt, dass etwas mit der Kleidung und der Figur nicht in Ordnung ist. Später stellt sich heraus, dass Cipolla verwachsen ist und
einen Buckel hat. Ihm fehlt jede Spur von Scherzhaftigkeit oder
Clownerie; „vielmehr sprachen strenge Ernsthaftigkeit, Ablehnung
alles Humoristischen, ein gelegentlich übellauniger Stolz, auch
jene gewisse Würde und Selbstgefälligkeit des Krüppels daraus"
(S. 90). Zu seinen Requisiten gehören eine reichlich genutzte Fla-
sche Kognak, Zigaretten, die er unaufhörlich raucht, und eine Reitpeitsche „mit klauenartiger silberner Krücke" (S. 91), die ihm über
dem linken Unterarm an einer Lederschlinge hängt. Außerdem
trägt Cipolla eine durch seine Weste teilweise verdeckte Schär-
pe, die die hinter der Familie des Erzählers sitzenden Zuschauer
„in halblautem Austausch für das Abzeichen des Cavaliere" (S. 91)
halten.

Cipolla, der Hypnotiseur

Schon bald stellt sich heraus, dass Cipolla nicht der Zauberer
oder Taschenspieler ist, sondern ein Hypnotiseur, was den Erzähler bedauern lässt, die Kinder zu einer solchen Veranstaltung mit-
genommen zu haben.

Sein erstes Kunststück demonstriert Cipolla an einem jungen   Hypnose
Mann, den er gegen seinen Willen dazu zwingt, die Zunge heraus-

1 SCHNELL-
  ÜBERSICHT

2 THOMAS MANN:
  LEBEN UND WERK

3 TONIO KRÖGER
  TEXTANALYSE UND -INTERPRETATION

4.2 Inhaltsangabe

zustrecken, „und zwar die ganze Zunge bis zur Wurzel" (S. 92). Dann stellt sich der Hypnotiseur seinem Publikum vor. Er verweist darauf, dass er einen schweren Beruf ausführe, nicht gerade die „robusteste" Gesundheit habe und wegen eines kleinen „Leibesschadens" nicht am „Kriege für die Größe des Vaterlandes" habe teilnehmen können (S. 94). „Allein mit den Kräften meiner Seele und meines Geistes meistere ich das Leben, was ja immer nur heißt: sich selbst bemeistern" (S. 94). Er schmeichelt sich damit, mit seiner Arbeit die „achtungsvolle Anteilnahme der gebildeten Öffentlichkeit" (S. 94) erregt zu haben. Einmal habe sogar der Bruder des Duce eine seiner Veranstaltungen besucht. So fährt Cipolla fort, seine Ausführungen immer wieder mit patriotisch-faschistischen Phrasen zu verbrämen. Er nutzt Menschen aus dem Publikum, um über sie zu spotten. Den Zuschauern fällt schnell seine sprachliche Gewandtheit auf.

Arithmetische Kunststücke

Arithmetische Zaubereien stehen am Anfang der Vorstellung. Als Cipolla mit einer dreisten Aussage die Bevölkerung von Torre di Venere beleidigt und sich derjenige der jungen Männer, den er bereits ganz zu Beginn der Veranstaltung gezwungen hatte, seine Zunge zu zeigen, sich eine solche Beleidigung verbietet, bestraft Cipolla ihn damit, dass er ihn sich so krümmen lässt, als habe er eine Leibeskolik.

Kartentricks

Cipolla steigert seine Kunststücke, indem er sich aus dem Publikum Zahlen sagen lässt, diese summiert und mit einer von ihm bereits vorher notierten Summe vergleicht. Ebenso verfährt er mit Karten, die er aus einem Kartenspiel vom Publikum ziehen lässt und die dann denjenigen Karten entsprechen, die er zuvor aus einem anderen Kartenspiel selbst gezogen hat. Immer dann, wenn das Publikum sich nicht ganz seinen Anweisungen fügen will oder er Widersetzlichkeiten einzelner Personen ihm gegen-

4.2   Inhaltsangabe

über zu verspüren glaubt, oder wenn durch eine leise „Revolte im Unterirdischen" (S. 104) beim Publikum sich Widerstand zu regen scheint, vermag er diesen sofort im Keime zu ersticken, und sei es durch das Pfeifen seiner Reitpeitsche.

Widerstand gegen Cipollas Kunststücke

Ein junger Herr „mit stolz geschnittenem Gesicht, Italiener" (S. 105), will sich ausdrücklich dem aufgezwungenen Willen Cipollas widersetzen. Cipolla belehrt ihn:

> „Sie werden mir [...] damit meine Aufgabe etwas erschweren. An dem Ergebnis wird Ihr Widerstand nichts ändern. Die Freiheit existiert, und auch der Wille existiert; aber die Willensfreiheit existiert nicht, denn ein Wille, der sich auf seine Freiheit richtet, stößt ins Leere." (S. 105)

Freiheit und Wille

Trotz des angekündigten Widerstands glückt Cipolla auch in diesem Falle der Kartentrick, von dem der Erzähler nicht weiß, ob Cipolla die ihm angeborenen „Gaben auch noch durch mechanische Tricks und Behändigkeitsmittelchen" (105) unterstütze. Es schließt sich in der Veranstaltung des Hypnotiseurs nun eine „Art von Gesellschaftsspielen" an, „die auf über- oder untervernünftigen Fähigkeiten der menschlichen Natur, auf Intuition und ‚magnetischer' Übertragung, kurzum auf einer niedrigen Form der Offenbarung beruhen" (S. 106). Cipolla setzt sich mit dem Rücken zum Publikum und vermag, die im Publikum getroffenen Vereinbarungen zu erraten oder versteckte Gegenstände zu finden. Der Erzähler hat den Eindruck, dass bei diesen Übungen die Rollen zwischen Publikum und Zauberer vertauscht waren. Er gibt folgenden Kommentar zu diesem Teil der Vorstellung:

Gesellschaftsspiele

4.2   Inhaltsangabe

<table>
<tr><td>

Vertauschte
Rollen zwischen
Zauberer und
Publikum

</td><td>

„Die Rollen schienen vertauscht, der Strom ging in umgekehrter Richtung, und der Künstler wies in immer fließender Rede ausdrücklich darauf hin. Der leidende, empfangende, der ausführende Teil, dessen Wille ausgeschaltet war, und der einen stummen in der Luft liegenden Gemeinschaftswillen vollführte, war nun er, der so lange gewollt und befohlen hatte; aber er betonte, dass es auf eins hinauslaufe. Die Fähigkeit, sagte er, sich seiner selbst zu entäußern, zum Werkzeug zu werden, im unbedingtesten und vollkommensten Sinne zu gehorchen, sei nur die Kehrseite jener anderen, zu wollen und zu befehlen; es sei ein und dieselbe Fähigkeit; Befehlen und Gehorchen, sie bildeten zusammen nur ein Prinzip, eine unauflösliche Einheit; wer zu gehorchen wisse, der wisse auch zu befehlen, und ebenso umgekehrt; der eine Gedanke sei in dem anderen einbegriffen, wie Volk und Führer ineinander einbegriffen seien, aber die Leistung, die äußerst strenge und aufreibende Leistung, sei jedenfalls seine, des Führers und Veranstalters, in welchem der Wille Gehorsam, der Gehorsam Wille werde, dessen Person die Geburtsstätte beider sei, und der es also sehr schwer habe." (S. 107)

</td></tr>
</table>

Bei seinem nächsten Kunststück vermag Cipolla Signora Angiolieri, der Pensionsleiterin, bei der die Familie des Erzählers Quartier bezogen hat, auf den Kopf zuzusagen, dass sie früher im Umkreis der Duse als deren Garderobiere und Freundin gelebt habe.

<table>
<tr><td>

Pause

</td><td>

Die Vorstellung wird nun durch eine Pause unterbrochen, und der Erzähler will erneut mit den Kindern die Veranstaltung verlassen, aber er fühlt sich merkwürdig von dem Geschehen angezogen und will den Fortgang weiterverfolgen, zumal sich ihm der Saal als der Sammelpunkt aller erlebten Merkwürdigkeiten seines Urlaubsaufenthaltes darstellt:

</td></tr>
</table>

4 MARIO UND DER ZAUBERER
   TEXTANALYSE UND -INTERPRETATION

5 REZEPTIONS-
   GESCHICHTE

6 MATERIALIEN

7 PRÜFUNGS-
   AUFGABEN

4.2 Inhaltsangabe

„Es ging hier geradeso merkwürdig und spannend, geradeso unbehaglich, kränkend und bedrückend zu wie in Torre
überhaupt, ja, mehr als geradeso: dieser Saal bildete den
Sammelpunkt aller Merkwürdigkeit, Nichtgeheuerlichkeit und
Gespanntheit, womit uns die Atmosphäre des Aufenthaltes geladen schien; dieser Mann, dessen Rückkehr wir erwarteten,
dünkte uns die Personifikation von alldem; und da wir im Großen nicht ,abgereist‘ waren, wäre es unlogisch gewesen, es
sozusagen im Kleinen zu tun." (S. 111)

Sammelpunkt aller Merk-würdigkeit

Weitere Kunststücke folgen nach der Pause

Nach der Pause setzt Cipolla seine „Demonstrationen der Willensentziehung und -aufnötigung" (S. 112) fort. So setzt er sich
selbst auf einen jungen Menschen, den er durch Striche und An-
hauch vollkommen kataleptisch gemacht hat. Er legt den in Tief-
schlaf Gebannten mit Nacken und Füßen auf zwei Stuhllehnen
und setzt sich triumphierend auf den Körper des Liegenden,
ohne dass der brettstarre Körper nachgibt. Eine ältere Dame ver-
setzt er in die Illusion, eine Reise nach Indien zu machen, einem Herrn militärischen Aussehens zwingt er seinen Willen auf,
dass dieser seinen Arm nicht mehr heben kann; Frau Angiolieri
lässt er nachtwandlerisch durch den Saal schreiten, ohne dass
die Rufe ihres Mannes sie zum Bleiben veranlassen könnten. Er
bringt junge Männer dazu, sich, willenlos gemacht, einer Tanz-
orgie hinzugeben. Auch der Herr aus Rom, der sich zunächst wei-
gert, hier mitzutanzen, fügt sich schließlich auf Cipollas Geheiß
in die Gruppe der Tanzenden. Der Erzähler kommentiert den Sieg
Cipollas mit den Worten:

Alle unterliegen Cipollas Willen

4.2   Inhaltsangabe

„Verstand ich den Vorgang recht, so unterlag dieser Herr der Negativität seiner Kampfposition. Wahrscheinlich kann man vom Nichtwollen seelisch nicht leben; eine Sache nicht tun wollen, das ist auf die Dauer kein Lebensinhalt" (S. 118).

Cipolla und Mario

Der Höhepunkt: Mario küsst Cipolla

Schließlich holt Cipolla auch den Kellner Mario auf die Bühne, entlockt diesem, dass er sich in ein Mädchen namens Silvestra unglücklich verliebt habe, und bringt den dann hypnotisierten Mario dazu, ihn auf die Wange zu küssen, in der Annahme, Cipolla sei Silvestra: „Der Augenblick war grotesk, ungeheuerlich und spannend" (S. 125). Wieder aus der Hypnose getreten, entsetzt sich Mario über sich selbst. Er leidet unsäglich unter der „Preisgabe des Innigsten, der öffentlichen Ausstellung verzagter und wahnhaft beseligter Leidenschaft" (S. 125).

Mario erschießt Cipolla

Das befreiende Ende

Mario stürzt, während das Publikum Cipolla frenetisch applaudiert, in den Saal hinunter, wirft sich in Richtung Bühne herum, schleudert den Arm empor, „und zwei flach schmetternde Detonationen durchschlugen Beifall und Gelächter" (S. 126). Mario hat Cipolla erschossen. Tumult bricht im Saal aus. Der Erzähler nimmt seine Kinder und verlässt mit ihnen, an dem „einschreitenden Karabinierepaar" (S. 126) vorbeiziehend, den Saal. Die Kinder fragen, ob dies das Ende gewesen sei. Die Eltern antworten: „Ja, das war das Ende." (S. 127) Der Erzähler fährt fort: „Ein Ende mit Schrecken, ein höchst fatales Ende. Und ein befreiendes Ende dennoch, – ich konnte und kann nicht umhin, es so zu empfinden!" (S. 127)

4 MARIO UND DER ZAUBERER
TEXTANALYSE UND -INTERPRETATION

5 REZEPTIONS-
GESCHICHTE

6 MATERIALIEN

7 PRÜFUNGS-
AUFGABEN

4.3 Aufbau

4.3 Aufbau

1. Teil	2. Teil
Ferienaufenthalt im italienischen Badeort (S. 74–89)	**Vorstellung des Zauberers Cipolla** (S. 89–127)
Ein Drittel der Erzählung	Zwei Drittel der Erzählung

Eine äußerst verknappte Inhaltsangabe macht deutlich, dass die Erzählung aus zwei Teilen zusammengesetzt ist. Der erste Teil – etwa ein Drittel der Erzählung umfassend – beschreibt die erste Zeit des Ferienaufenthaltes in dem italienischen Badeort Torre di Venere am Tyrrhenischen Meer, der zweite Teil – die weiteren zwei Drittel einnehmend – schildert in aller Ausführlichkeit die Vorstellung des „Zauberers" Cipolla, vom ersten Auftreten Cipollas im Saal bis hin zu seiner Ermordung durch Mario. Das Ende der Veranstaltung und das so lange hinausgezögerte Verlassen des Saales seitens des Ich-Erzählers und seiner Familie bilden zugleich das Ende der Erzählung, der Thomas Mann als Untertitel *Ein tragisches Reiseerlebnis* beigegeben hat. Viele Erlebnisse während des Urlaubs werden aneinandergereiht, aber sie alle kulminieren in dem „tragischen Erlebnis", dem der Erzähler samt Familie beiwohnt. D. h. für den Aufbau der Erzählung, dass der kürzere erste Teil sich zu dem ausführlicher erzählten, breiteren zweiten Erzählteil verengt. Das Verhältnis von Erzählzeit und erzählter Zeit kehrt sich um, sobald der Erzähler sich der einen Abendveranstaltung mit dem Hypnotiseur Cipolla erinnert.

Verhältnis von Erzählzeit und erzählter Zeit

4.3   Aufbau

Der erste Teil

Der Badeurlaub

Der erste Teil ist darauf ausgerichtet, die Merkwürdigkeiten, Nichtgeheuerlichkeiten und Gespanntheiten (S. 111), die der deutschen Familie in dem national gesinnten, faschistischen Italien während des Badeurlaubs widerfahren, in der Figur des Cipolla zu personifizieren und in seiner Veranstaltung auf das Äußerste nochmals zu komprimieren. „Dieser Mann dünkte uns die Personifikation von alldem" (S. 111). In Cipolla verdichtet sich, „womit die Atmosphäre des Aufenthaltes geladen schien" (S. 111).

Der Badeurlaub wird von Anfang an durch eine schlechte Unterkunft, später vom latent fremdenfeindlichen Betragen der italienischen Umgebung empfindlich gestört. Eine Cipollas Auftreten vorbereitende atmosphärische Einleitung liefert Beispiele für „die Zusammenstöße mit dem landläufig Menschlichen, dem naiven Missbrauch der Macht, der Ungerechtigkeit, der kriecherischen Korruption" (S. 79), die zur Ausquartierung der deutschen Familie aus dem zunächst bewohnten Grand Hotel in die „Pensione Eleonora" führt. Über allem lastet eine „Schreckensherrschaft der Sonne" (S. 80) und die unduldsame, auf die „Würde" und die „Idee der Nation" (S. 82) pochende „Mediokrität" (S. 81) des Strandpublikums, das auf die unschuldige Nacktheit der kleinen Tochter des Erzählers wie auf eine Verletzung der Ehre seines Landes reagiert. Angesichts dieser Ereignisse fragt sich der Erzähler leitmotivisch:

Familie reist trotz Unannehmlichkeiten nicht ab

„Soll man ‚abreisen', wenn das Leben sich ein bisschen unheimlich, nicht ganz geheuer oder etwas peinlich und kränkend anlässt? Nein doch, man soll bleiben, soll sich das ansehen und sich dem aussetzen, gerade dabei gibt es vielleicht etwas zu lernen." (S. 85)

4.3 Aufbau

Der zweite Teil

Die Handlung spitzt sich mit dem Auftreten Cipollas zu, in „dessen Person sich das eigentümlich Bösartige der Stimmung auf verhängnishafte und übrigens menschlich sehr eindrucksvolle Weise zu verkörpern und bedrohlich zusammenzudrängen schien" (S. 74). Cipolla ist ein hässlicher, kränklicher Mann, eine geckenhaft übersteigerte Führer- und Verführer-Persönlichkeit, der es mit einer ungeheuren Willensanstrengung gelingt, stark zu sein, und der durch hypnotische Fähigkeiten italienische wie ausländische Gäste – darunter auch den Erzähler – wenigstens für Augenblicke ganz in seinen Bann zu ziehen vermag. Seine „Demonstration der Willensentziehung und -aufnötigung" (S. 112) zielt auf den Abbau der personalen Würde eben jener auf ihre nationale Würde so bedachten Personen, die sich seinen Versuchen zur Verfügung stellen. Er vermag das Publikum zu formen, indem er ihm den Willen raubt und es zur Masse macht.

Zuspitzung der Handlung

Valentina Chico als Silvestra, Klaus Maria Brandauer als Cipolla und Pavel Greco als Mario im Film *Mario und der Zauberer* (1994) © ddpimages

4.3 Aufbau

Höhepunkt und Ende

Die Vorstellung des Cipolla kulminiert darin, dass er den unglücklich verliebten Kellner Mario unter hypnotischem Zwang dazu zwingt, den hässlichen Alten zu küssen, wohingegen Mario glaubt, seine Geliebte zu küssen. Mario, aus der Hypnose zu sich gekommen und sich zutiefst gedemütigt fühlend, erschießt Cipolla, während dieser den Höhepunkt seines Machtrausches lachend genießt. Diese Tat wird vom Erzähler als Befreiung empfunden.

Korrespondenz des 1. und 2. Teils

Die Erzählung ist so aufgebaut, dass durch die klare Korrespondenz des ersten und zweiten Teils der zweite Teil auch die Erklärung für die im ersten Teil beobachtbaren Auswirkungen des Faschismus gibt. Italien hat seinen faschistischen Führer, wie das Saalpublikum in Cipolla seinen Führer hat. Der Faschismus arbeitet mit denselben Mitteln, mit denen auch Cipolla seine Veranstaltung inszeniert. Der Faschismus ist Massenpsychose, in der das Volk wie hypnotisiert willenlos seinem Führer folgt.

Faschismus als Massenpsychose

Nach den beim Aufbau beobachtbaren Gesetzmäßigkeiten lässt sich auch sagen, dass die „Befreiungstat" Marios, der Cipolla erschießt, auch die „Erlösungstat" für das Volk wäre, wenn es sich denn von seinem Führer befreien wollte.

Zimmermann hat den Aufbau der Erzählung treffend beschrieben. Er sei mit seinen wichtigsten Beobachtungen im Folgenden wiedergegeben:

Stufenförmige Steigerung

„Die Struktur der Erzählung steht unter dem Gesetz einer stufenförmigen Steigerung. Es werden die dadurch ausgegliederten Erzählabschnitte auch wieder in sich durch einen mehrfachen Wechsel von crescendo und decrescendo deutlich profiliert. Dieses Profil ist im Gipfelereignis besonders ausgeprägt: Nachdem die Erzählung bis zu jenem inhaltlichen und stilistischen Höhepunkt angestiegen ist, da Mario im Trancezustand den ‚Betrüger' im Wahn, es sei seine Geliebte, auf die

4.3 Aufbau

Backe küsst, zwingt uns der Erzähler, bei diesem ‚grotesken,
ungeheuerlichen und spannenden Augenblick' dem ‚Augenblick von Marios Seligkeit', einige Zeit zu verweilen, ja er
lenkt unsere Aufmerksamkeit gar auf ein Nebenmotiv ab, das
Lachen des Giovanotto, ehe er die Mario-Handlung wieder auf-
nimmt und zu ihrem ‚fatalen Ende' führt. Aber nicht nur hier im
Schluss, vielmehr die ganze Erzählung hindurch wird die Darstellung des Vorganghaften immer wieder unterbrochen und
damit die Lösung der Spannung hinausgezögert: durch Zwischenbemerkungen des Erzählers über das eigene Verhalten
und das der Familie durch psychologisierende Analysen und
kritische Betrachtungen. In diesen Abschnitten nähert sich die
Novelle mitunter der wissenschaftlichen Untersuchung, dem
‚roman expérimental' im Sinne Zolas."[34]

Verzögerung des
Fortgangs der
Handlung durch
Bemerkungen des
Erzählers

---

34 Zimmermann, *Thomas Mann. Mario und der Zauberer*, S. 287

4.4 Personenkonstellation und Charakteristiken

4.4 Personenkonstellation und Charakteristiken

ZUSAMMEN-
FASSUNG

Die Hauptpersonen sind

Mario:
→ junger schwermütiger Mann
→ träumerisch
→ ernst
→ unaufdringlich

der Ich-Erzähler:
→ hebt sich durch seine reflektierte Haltung von
  den anderen Urlaubern ab

Cipolla:
→ Zauberer, Hypnotiseur bzw. Künstler
→ kaltblütig
→ gewissenlos
→ brutal
→ raffiniert

Polarität der
Figuren

Die Figurenkonstellation ist so beschaffen, dass schon der Titel zwei polar zueinander stehende Figuren nennt: Mario und den Zauberer. Man könnte deren Verhältnis zueinander als das von Protagonist und Antagonist beschreiben. Das wäre aber wohl falsch, denn Mario kommt, auch wenn er den Zauberer erschießt, dennoch eine nur marginale Stellung zu.

4.4   Personenkonstellation und Charakteristiken

Mario

Er ist nämlich nur einer aus dem Publikum, statt Mario hätte *Einer aus dem* der Zauberer durchaus andere Figuren aus dem Publikum zu sich *Publikum* auf die Bühne nehmen können. So tritt Mario auch nur ganz zum Ende der Erzählung in das Blickfeld des Erzählers; anfangs ist von ihm allenfalls einmal ganz beiläufig die Rede.

Er ist ein untersetzt gebauter junger Mann von etwa zwanzig Jahren mit kurz geschorenem Haar, niedriger Stirn und zu schweren Lidern über den Augen,

> „deren Farbe ein unbestimmtes Grau mit grünen und gelben
> Einschlägen war. [...] Das Obergesicht mit der eingedrück-
> ten Nase, die einen Sattel von Sommersprossen trug, trat zu-
> rück gegen das untere, von den dicken Lippen beherrschte,
> zwischen denen beim Sprechen die feuchten Zähne sichtbar
> wurden, und diese Wulstlippen verliehen zusammen mit der
> Verhülltheit der Augen seiner Physiognomie eine primitive
> Schwermut" (S. 120).

Gerade diese Schwermut, die von Mario ausstrahlt, ist es – so bekennt der Erzähler –, die ihn und seine Familienangehörigen während des Aufenthaltes für Mario einnimmt. Sie hatten „von jeher etwas übrig gehabt" (S. 120) für Mario, heißt es einmal. Und die Familie kennt ihn so gut, weil er sie als Kellner häufig im „Esqui- *Kellner im* sito" bedient hatte, indem er ihnen die bestellte Schokolade brach- *„Esquisito"* te. Mario hat so gar nichts von Brutalität an sich; im Gegenteil, er wirkt auf den Erzähler „träumerisch" und scheint eine „leicht in Geistesabwesenheit sich verlierende Art" zu haben, die er wiederum „in hastigem Übergang durch eine besondere Dienstfertig-keit" korrigiert (S. 120). Mario wirkt ernst, nicht mürrisch. Er ist ohne „gewollte Liebenswürdigkeit, oder vielmehr: [er] verzichtete

4.4 Personenkonstellation und Charakteristiken

auf Liebenswürdigkeit, [er] machte sich offenbar keine Hoffnung" (S. 121). Es ist gerade diese unaufdringliche, schwermütige Art Marios, die seine Entblößung durch den Zauberer so grausam werden lässt. Gerade der unschuldige Mario wird durch den Zauberer manipuliert und somit bis zum Äußersten erniedrigt, so dass seine Reaktion auf diesen Akt der Erniedrigung verständlich wird.

Trotz dieser genaueren Charakterisierung Marios täte man dennoch gut daran, die Figurenkonstellation der Novelle so zu skizzieren, dass auf der einen Seite allein der Zauberer, auf der anderen Seite dann das gesamte Publikum steht. Sicherlich ist dieses nicht ganz homogen (es bildet sogar einen gewissen Querschnitt durch die italienische Bevölkerung), der ein oder andere aus dem Publikum wird von dem Erzähler auch namentlich oder durch eine Auffälligkeit aus der Masse herausgehoben (z. B. der junge Herr mit „stolz geschnittenem Gesicht", S. 105). Aber dennoch sind alle Mitglieder des Publikums letztlich zur Willenlosigkeit verurteilt; das ganze Publikum ist Opfer des Zauberers.

Publikum: Querschnitt der italienischen Bevölkerung

Der Zauberer Cipolla
raffinierter Verführer

⟷

Publikum
Opfer des Zauberers

Erzähler
reflektierte, distanzierte Haltung

Mario
erschießt Coppola, „Befreiungstat"

4.4 Personenkonstellation und Charakteristiken

Einzig die reflektierte, dadurch distanzierte Haltung des **Ich-Erzählers** würde es erlauben, von einer dreistrahligen Figurenkonstellation zu sprechen; aber auch dies geht weitgehend am Text vorbei, wenn man bedenkt, dass letztlich auch der Erzähler der ungeheuren Faszination, die trotz aller Hässlichkeit vom Zauberer ausgeht, erliegt.

Alle erliegen der Faszination Cipollas

Cipolla

Imhof charakterisiert Cipolla wie folgt:

„Cipolla ist der kaltblütige, kaltherzige, gewissenlose, brutale, raffinierte Verführer der Nation, ein Charlatan mit absolut gemeinen, aber unweigerlich bannenden Methoden, deren Zweck der scheußlichste Missbrauch einer persönlichen Macht ist. Er macht es auf die scheinbar natürlichste Weise. Er schulmeistert das Publikum. Er selbst unterliegt dem Bedürfnis der stimulierenden Wirkung von Nikotin und Alkohol. Er nennt sich mit pompösem und traditionsreichem Titel ‚Cavaliere‘. Er schmückt sich mit Abzeichen. Er verachtet im Grunde die Masse, wie auch seine Tricks ‚auf der niedrigen Form der Offenbarung beruhen‘. Rhetorik und Rabulistik, seelischer Zwang (‚Willensentziehung und -aufnötigung‘, also Ausschaltung desjenigen Vermögens, das den Menschen erst zum Menschen macht; Entwürdigung und Entmenschlichung) und nackte Brutalität – drei Mittel der Diktatur zur Bezwingung des Volkes, um mit ihm nach reiner Willkür zu verfahren, es zu den würdelosesten und widernatürlichsten Handlungen zu nötigen, die Puppen tanzen zu lassen und dafür noch tosenden überzeugten Beifall zu kassieren und eine willenlose Gefolgschaft zu bekommen.

Mittel der Diktatur zur Bezwingung des Volkes

Das Urteil wird deutlich gesprochen: ‚zweideutig unsauberer Charakter des Okkulten, Humbug und nachhelfende Mogelei‘. Widerspruch wird mit allen Mitteln ausgeschaltet: durch

Widerspruch wird ausgeschaltet

4.4 Personenkonstellation und Charakteristiken

Lächerlichkeit, Aufstachelung des Selbstgefühls, Spiel mit der eigenen Überlegenheit, hetzerische Rhetorik – und dabei ist der instinktive Gegner Giovanotto, das ‚Hänneschen‘, doch ein so sympathischer Kerl, wenn er auch von der ‚Modefrisur des erweckten Vaterlandes etwas entstellt und afrikanisch angemutet‘ ist! Der Zauberer hütet sich, den vornehmeren Teil des Publikums zu belästigen (auch das ist ein historischer Zug des Faschismus), bis auch dieser der Massensuggestion hemmungslos unterliegt, nachdem zunächst seiner Eitelkeit geschmeichelt worden war, um ihn desto sicherer willenlos zu machen. Dann betört der Zauberer auch die Ausländer, d.h. das Ausland.

Negierung der Willensfreiheit

Die Willensfreiheit wird dialektisch negiert (‚ein Wille, der sich auf seine Freiheit richtet, stößt ins Leere‘). Heimtückischerweise wird, genau in faschistischer Argumentation, das Herrschen als Dienen, Befehlen und Gehorsam als unauflösliche Einheit dargestellt, ‚wie Volk und Führer ineinander einbegriffen seien‘. Wie unheimlich sarkastisch und verurteilend klingt jetzt der Satz: ‚Er tappte seherisch umher, geleitet und getragen vom öffentlichen, geheimen Willen‘. Man muss das politisch deuten; so wird eine geschichtliche Lektion daraus.

Das ‚Rattenfängerische‘ des Zauberers

Durch die Teilnahme und das Gebanntsein der Kinder wird das Rattenfängerische des Zauberers erst recht gemeingefährlich. So begegnen auf Schritt und Tritt Anspielungen auf den Faschismus, die in ihrer Schärfe gar nicht zu übersehen sind. Die Frage des Widerstandes gegen den seelischen Terror wird erst am Schluss geklärt: dass nämlich gegen die Gewalt nur die Gewalt zu setzen sei. Passiver Widerstand (‚die Negativität der Kampfposition‘) ist sinnlos.“ [35]

---

[35] Zit. nach: Imhof, Eugen, *Thomas Mann: Mario und der Zauberer.* In: Der Deutschunterricht 4 (1952), S.66f.

4.4 Personenkonstellation und Charakteristiken

Zimmermann interpretiert Cipolla als Künstler:

„Der Zauberer Cipolla figuriert in der Novelle auch als Künstler und zählt in eben dieser Eigenschaft zu jenen problematischen Künstlerfiguren, die uns in Thomas Manns Werken immer wieder begegnen. […] In ihnen tritt das Wesen des Künstlers als ‚etwas tief Zweideutiges, tief Anrüchiges‘ (*Tonio Kröger*) in Erscheinung, wird seine Arbeit ironisch als ‚zweifelhafte Tätigkeit‘ gewertet (*Tristan*), verrät er einen ‚verführerischen Hang zum Ungegliederten, Maßlosen, Ewigen, zum Nichts‘, zur ‚orgiastischen Auflösung‘ (*Tod in Venedig*). […] Das ‚Außerordentliche und Unmenschliche‘ des Künstlers hat sich in Cipolla gleichsam verselbstständigt; in jenem ‚seltsam fernen und unbeteiligten Verhältnis‘ zum Menschlichen spielt er […] die Rolle des selbstgefälligen Cavaliere, des engagierten Patrioten, des pseudowissenschaftlichen Experimentators, des galanten Beschwörers und der schmachtenden Kokotte. In ‚Gereiztheit‘ und in ‚kalter Ekstase‘ spielt er aber auch mit dem Publikum und schlägt es in seinen Bann. Dabei ist seine Kunst der ‚Steigerung der Effekte‘ und des spannungsreichen Wechsels zwischen gewöhnlichen Tricks und außergewöhnlichen Proben seiner ‚Berufstüchtigkeit‘ nicht unähnlich jenen Verfahren, die der Erzähler selbst anwendet, um das Interesse zu wecken und die Spannung zu steigern. Unverkennbar ist die Verwandtschaft zwischen dem Stil des Erzählers und der rhetorischen Kunst des Illusionista, die von den gängigen Redensarten eines marktschreierischen Possenreißers ebenso weit entfernt sind wie von dem phrasenhaften Stil der Propaganda, ganz zu schweigen von der barbarischen Vergewaltigung der Sprache durch die Diktatoren des 20. Jahrhunderts.

Problematische Künstlerfiguren in Manns Werken

Verwandtschaft zwischen Erzählerstil und Rhetorik Cipollas

4.4   Personenkonstellation und Charakteristiken

Neues Licht
auf das Ende der
Erzählung

[...] Unter diesem ‚ästhetischen' Aspekt erscheint denn auch das zwiespältige Urteil des Erzählers über Cipolla verständlich, das schon im ersten Abschnitt, aber auch später noch mehrfach begegnet und das erkennen lässt, dass der Erzähler selbst nicht unempfänglich ist für den dämonischen Zauber des Illusionista. Und schließlich fällt von hier aus auch auf den Schluss der Novelle ein neues Licht. Das ‚befreiende Ende' [...] wäre dann nicht nur Befreiung von der Atmosphäre der ‚Gereiztheit und Überspannung', die jenen Ferienaufenthalt überschattete, auch nicht nur Befreiung in einem übertragen politischen Sinne als Abschüttelung einer zynischen und brutalen Gewaltherrschaft, unter der die ganze Epoche zu leiden hatte, sondern auch Befreiung in jenem umfassend anthropologischen Sinne, der immer und überall gilt: als Bändigung der dämonischen Kräfte in der menschlichen Natur, die gerade dem Künstler und hier wieder in besonderem Grade dem ‚bürgerlichen' Künstler, der sich der Humanität verpflichtet fühlt, auch besonders schmerzlich bewusst wird."[36]

---

36 Zimmermann, *Thomas Mann. Mario und der Zauberer*, S. 301 ff.

4.5 Sachliche und sprachliche Erläuterungen

4.5 Sachliche und sprachliche Erläuterungen

S. 74	**Torre di Venere**	Venusturm; Thomas Mann selbst verbrachte seinen Urlaub vom 31.8. bis 13.9.1926 in Forte dei Marmi, einem Ort nordwestlich von Pisa, in der Nähe von Portovenere, Torre di Greco und Portoclementino
	Choc	Schock
	Cipolla	zum Namen äußert sich Thomas Mann in einem Brief an Prof. Charles Duffy von der Akron University, der ihn um eine Erläuterung zu dem Namen bat. Thomas Mann erinnert sich an einen Mönch aus Boccaccios *Dekamerone*, misst dem Namen aber sonst keine weitere Bedeutung zu, als dass er „a good Italian name" sei, „as for instance Rampolla and others of this kind."[37]
	Spektakel	Schauspiel, interessanter Vorfall
	Capannen	Badehütten, vor allem zum Umziehen gedacht
	unverweltlicht	nicht mondän
S. 75	**Marina Petriera**	(ital.) steinige Küste
	Pineta-Gärten	Pinienhaine
	Cornetti al burro	Butterhörnchen
	Flor	Blüte
S. 76	**Schattentücher**	Schatten spendende Tücher
S. 77	**Klienten**	Kunden
	Pranzo	Hauptmahlzeit
S. 77	**Principe**	Fürst
	Gehrockmanager	Geschäftsführer in einem Frack

---

37 Zit. nach: Pörnbacher, *Thomas Mann. Mario und der Zauberer*, S. 5

4.5 Sachliche und sprachliche Erläuterungen

S. 78	Forum	Behörde
	Dependance	Nebengebäude eines Hotels
	Byzantinismus	am Hof von Byzanz praktiziertes Zeremonienwesen; dann auch Bezeichnung für ein übertrieben regelbewusstes, kriecherisches Verhalten
	servil	untertänig
	Votum	Urteil
S. 79	Duse	Eleonore Duse-Chechi (1859–1924), international bekannte italienische Schauspielerin
	Etageren	Regale
	stakkiert	abgehackt
	Korruption	Bestechlichkeit
S. 80	Etablissement	hier: vornehme Gaststätte
	Pyjama	Anzug aus sehr leichtem Material; Schlafanzug und Strandanzug
S. 81	Mediokrität	Mittelmäßigkeit
	Kroppzeug	Gesindel, Pack
	in heiserer Unbedecktheit	in aller Schärfe
	Rispondi al mèno!	Antworte mir wenigstens!
	antikisches Heldenjammergeschrei	die lauten Klagen der Helden in Homers Epos
S. 82	prästabilieren	leisten
S. 83	Melonenhut	runder Hut
	Philippika	Strafrede
S. 84	Suade	Redefluss

4.5 Sachliche und sprachliche Erläuterungen

S. 84	**Euphemismus**	sprachliche Beschönigung
	Prüderie	Ziererei in sexuellen Fragen
	Municipio	Rathaus
S. 85	**Aperçu**	geistreicher Einfall
	Angeber	hier: Denunziant
S. 86	**Sciroccoschwüle**	der Scirocco ist ein feuchter, heißer Süd- oder Südostwind in Italien
	Cavaliere	Inhaber der untersten Ordensklasse und der ersten Stufe eines adligen Titels
	Forzatore, Illusionista und Prestidigitatore	Kraftmensch, Zauberer und Taschenspieler
	Phänomene	Erscheinungen
S. 87	**gutsagen**	bürgen
	Cinema	Film
	Coiffeur	Friseur
	Feudale	hier: Aristokraten, das gehobene Bürgertum
	lax	locker
S. 88	**autochthon**	einheimisch
	Frutti di mare	Meeresfrüchte; z. B. Muscheln u. a.
S. 89	**Pronti!**	Los!
	Cominciamo	Fangen wir an!
	Flakon	Fläschchen
S. 90	**atlasgefüttert**	Atlas ist ein Seidenstoff
	Pelerine	Umhang ohne Ärmel
	Gesamthabitus	gesamtes Erscheinungsbild
S. 91	**Lasurstein**	blauer Edelstein, Lapislazuli

4.5　Sachliche und sprachliche Erläuterungen

S. 91	Regie	hier: Verwaltung des Tabakgeschäfts unter Aufsicht des Staates
	grimassierend	Grimassen schneidend
S. 92	Buona sera!	Guten Abend!
	Paura	Angst
	bè	nun
	Ha sciolto lo scilinguagnolo.	Er hat ein gutes Mundwerk.
	Giovanotto	junger Mann
	sistema americano, sa'	nach amerikanischem System, weißt du
S. 93	uno	eins
	Taschenspieler- soiree	Abendveranstaltung
S. 94	am Kriege	Erster Weltkrieg
	Corriere della Sera	ital. Zeitung
	Bruder des Duce	Arnaldo Mussolini; zunächst Lehrer, dann anstelle seines Bruders, Benito Mussolini, Direktor der Zeitung Popolo d'Italia
S. 95	Donnaiuolo	Schürzenjäger
	Parla benissimo.	Er spricht sehr gut.
	Ingredienz	Teil von etwas
S. 96	Simpatico	sympathischer Mensch
	Verdruss	hier: Höcker auf dem Rücken
S. 98	Non so scrivere	kann nicht schreiben
	nubische Haartracht	hochstehende Haare, wie sie von den Nubiern getragen wurden
S. 100	gastrisches System	Magen

　　　　　　　　　　　　　　　　　　　THOMAS MANN

4.5 Sachliche und sprachliche Erläuterungen

S. 100	**Kolik**	starke Leibschmerzen
S. 101	**Il boît beaucoup.**	Er trinkt viel.
S. 102	**Zero**	Null
S. 103	**Summanden**	die einzelnen bei einer Addition zusammen-gezählten Zahlen
	Crayon	Bleistift
S. 104	**Ingenium**	Fantasie
S. 105	**E servito.**	Ich stehe zu Diensten.
	phänomenal	ungewöhnlich, außerordentlich
	Lavora bene.	Er arbeitet gut.
S. 106	**intim**	hier: genau, detailliert
	vexatorisch	quälerisch
	Amalgam	Legierung eines Metalls mit Quecksilber
S. 108	**Pensez très fort!**	Denken sie stark nach!
	Venerazione	Verehrung
S. 109	**rationalistisch**	von der Vernunft bestimmt
S. 111	**Una cioccolata e biscotti!**	Schokolade und Kekse!
	Subito!	Sofort!
S. 113	**Fuchtel**	mit einem Gegenstand in der Luft herum-fahren
	kataleptisch	von einer Muskelstarre befallen
S. 114	**Colonello**	Oberst
S. 115	**Accidente**	Unfall
S. 116	**Somnambulismus**	Schlafwandeln
S. 117	**Balla!**	Tanze!
S. 118	**Una ballatina**	ein Tänzchen

4.5　Sachliche und sprachliche Erläuterungen

S. 188	**Kirke**	Zauberin, die in Homers *Odyssee* ihre Feinde in Tiere verzaubert
S. 119	**Tarantella**	neapolitanischer Tanz
S. 120	**Physiognomie**	Gesichtsausdruck
S. 121	**Complet**	Jacke und Hose aus dem gleichen Stoff
	Ragazzo mio!	Mein Junge!
	Salve!	Sei gegrüßt!
	zum römischen Gruß	Grußzeichen der Faschisten mit fast senkrecht gehobener Hand
	paschahaft	gebieterisch
S. 122	**Kurzwaren-geschäft**	Kurzwaren sind z. B. kleine Verkaufsartikel wie Nadeln, Knöpfe, Nähgarn usw.
	Cameriere	Kellner
S. 123	**Ganymed**	Figur aus der griechischen Mythologie, ein Knabe aus dem trojanischen Königs-geschlecht, der von den Göttern wegen seiner Schönheit in den Himmel geholt und dort als Mundschenk eingesetzt wurde
	un tratto di malinconia	ein Zug von Schwermut
	Nossignore	Nein, mein Herr (No, Signore)
S. 125	**Beutelaugen**	durch die Tränensäcke scheinbar tief liegende Augen
	skurril	verzerrt
S. 126	**Detonationen**	Explosionen
	Karabinierepaar	Polizistenpaar
S. 127	**fatal**	verhängnisvoll

4.6 Stil und Sprache

4.6 Stil und Sprache

ZUSAMMEN-FASSUNG

Mario und der Zauberer ist ein unprätentiöser Reisebericht. Dem entspricht eine gewisse stilistische Unbefangenheit, die sich in redensartlichen Redewendungen, mit denen der Erzähler den Leser anspricht, zeigt.
Auffällig am Stil der Erzählung ist überdies, dass durch die Art des Erzählens das Erzählte immer wieder auf eine politische Bedeutung durchsichtig gemacht werden soll.

Zunächst ist *Mario und der Zauberer* ein unprätentiöser Reisebericht. Dem entspricht eine gewisse „stilistische Unbefangenheit"[38], die sich in redensartlichen Redewendungen, mit denen der Erzähler den Leser anspricht, zeigt („Sie haben recht", S. 80; „Ich halte Ihnen keinen Vortrag", S. 83). Daneben finden sich scheinbar spontan geäußerte, umgangssprachliche Kurzkommentare, wie „Das war ja ausgezeichnet. Der junge Mensch hatte wahrhaftig Haare auf den Zähnen." (S. 99) Sie verleihen der Erzählung zumindest passagenweise den Charakter der Mündlichkeit, weniger der Schriftsprachlichkeit. Schließlich äußert sich die stilistische Unbefangenheit auch in jenen kritischen Bemerkungen über das eigene Verhalten, die ebenfalls im Ton konventioneller Konversation gehalten sind und somit den Eindruck erzeugen können, dass der Reisebericht auch als laut artikulierte Rechtfertigungsrede des Ich-Erzählers vor sich selbst verstanden werden kann (z. B. folgende Textstelle: „Zu entschuldigen ist es nicht, dass wir blieben, und es zu erklären ist fast ebenso schwer. Glauben wir B sagen zu

Unprätentiöser Reisebericht

Charakter der Mündlichkeit

Ton konventioneller Konversation

---

38 Eichner, *Thomas Mann. Eine Einführung in sein Werk*, S. 64

4.6   Stil und Sprache

müssen, nachdem wir A gesagt und irrtümlicherweise die Kinder überhaupt hierher gebracht hatten?", S. 110).

Auffällig am Stil der Erzählung ist überdies, dass durch die Art des Erzählens das Erzählte immer wieder auf eine politische Bedeutung durchsichtig gemacht werden soll. So spiegelt die Darstellung des Hauptgeschehens nicht nur die

> „wachsende Hybris des Diktators wider; vielmehr werden in der satirisch überzeichneten Schilderung der Verhaltensweisen des Publikums auch typische Formen politischer Unterwerfung und politischen Widerstands im faschistischen Machtbereich nach dem Gesetz der Steigerung derart entfaltet, dass in der Katastrophe am Ende die radikalste Unterwerfung in die radikalste Erhebung umschlägt. (...)

"Unentwirrba-
rer Charakter"
faschistischer
Diktaturen wird
bloßgelegt

> Darstellung und Deutung des Künstlers, der Aufbau seiner Veranstaltung und die Reaktionen des Publikums werden sprachlich so dargeboten, dass alle Auskünfte und theoretischen Darlegungen des Erzählers über die äußeren und inneren Kräfte des Magiers darauf abzielen, den ‚zweideutig-unsauberen und unentwirrbaren Charakter' der faschistischen Diktaturen und ihrer die Masse teils betäubenden, teils aufpeitschenden, in jedem Falle Vernunft und Gewissen abtötenden Ideologien und Praktiken bloßzulegen." [39]

---

39   Zimmermann, *Thomas Mann. Mario und der Zauberer*, S. 296 f.

| 4 MARIO UND DER ZAUBERER TEXTANALYSE UND -INTERPRETATION | 5 REZEPTIONS- GESCHICHTE | 6 MATERIALIEN | 7 PRÜFUNGS- AUFGABEN |

4.7 Interpretationsansätze

4.7 Interpretationsansätze

ZUSAMMEN-
FASSUNG

Die Erzählung kann als die Auseinandersetzung Thomas Manns mit dem italienischen Faschismus und dem deutschen Nationalsozialismus interpretiert werden.

Außerdem stellt sie indirekt die Frage nach dem möglichen Widerstand gegen den Faschismus.

Der Autor hat hier gleichsam seismografisch Zeitbewegungen sehr früh aufgenommen, die sich erst Jahre später ohne Maskierung in aller Deutlichkeit zeigten. Denn in dem Zauberer Cipolla stellt sich der verführerische Künstler vor, der die Menschen vergewaltigt, gegen den sich kein klarer Widerstand regt. Über die Erzählergestalt bringt der Autor sich selber ins Spiel.

So wird aus der Schilderung eines Reiseerlebnisses eine Erzählung, die, um die Einsichten der Psychoanalyse erweitert, die Probleme der zwiespältigen Rolle der Kunst, die Künstler- und Politikproblematik, das Verhältnis von Trieb und Intellekt und von Verführung und Verführbarkeit umkreist. Es ist Sache der Kunst, die „Verwirrung des Augenscheins" als „ein unbeständiges Trugbild" aufzulösen. [40]

Bei der Interpretation von *Mario und der Zauberer* ist vor allem strittig, wie weit diese Novelle eine von Thomas Mann beabsichtigte direkte Auseinandersetzung mit dem Faschismus war oder nur eine allgemeiner gehaltene ethisch-politische Stellungnahme abgab. Thomas Mann nimmt zu dieser Frage wechselnde Posi-

---

40 *GW* 10, S. 274

4.7 Interpretationsansätze

tionen ein. Dies sei im Folgenden durch einige zentrale Selbst-äußerungen des Autors zu seinem Werk belegt.

Äußerungen Thomas Manns

Thomas Mann lehnt zunächst eine politische Deutung seiner Novelle ab:

Keine
politische
Satire

> „Was *Mario und der Zauberer* betrifft, so sehe ich es nicht gern, wenn man diese Erzählung als eine politische Satire betrachtet. Man weist ihr damit eine Sphäre an, in der sie allenfalls mit einem kleinen Teil ihres Wesens beheimatet ist. Ich will nicht leugnen, dass kleine politische Glanzlichter und Anspielungen aktueller Art daran angebracht sind, aber das Politische ist ein weiter Begriff, der ohne scharfe Grenze ins Problem und Gebiet des Ethischen übergeht, und ich möchte die Bedeutung der kleinen Geschichte, vom Künstlerischen abgesehen, doch lieber im Ethischen als im Politischen sehen."[41]

Vergleichbar äußert er sich noch am 14.10.1949 gegenüber Louis M. Grant:

„Story of
human affairs"

> „*Mario and the Magician* should not be regarded too much as an allegory. It is simply a story of human affairs which should interest the reader for its own sake and not for some hidden meaning.
>
> The hypnotician did not know Mario before, and did not know anybody from the audience beforehand. But he has a clever technique of finding out people's personal secrets, and realizes very soon what is going on between Mario and the aggressive

---

41 Thomas Mann an Bedrich Fucik, 15.4.1932. Zit. nach: Pörnbacher, *Thomas Mann. Mario und der Zauberer*, S.41f.

4.7   Interpretationsansätze

youth with the wild, fascist haircut. He understands that they
are rivals for the affections of the same girl, and during his hyp-
nosis he makes Mario believe that he himself is the girl Mario
loves so that Mario kisses him. When Mario discovers the de-
ceit, he is so enraged that he shoots the magician. The fact that
he carries a gun is hardly surprising considering the jealous
tension existing between him and the arrogant youth." [42]

In einem Brief an Flesch führt Thomas Mann aus:

„Sie [d. i. Hans Flesch] stellen mir die Frage, die mir aus der
Zeit, als *Mario und der Zauberer* erschien, schon vertraut ist.
Ich kann nur sagen, dass es viel zu weit geht, in dem Zauberer
Cipolla einfach eine Maskierung Mussolinis zu sehen, aber es
versteht sich andrerseits, dass die Novelle entschieden einen
moralisch-politischen Sinn hat. Der europäische Faschismus
war damals im Heraufziehen, seine Atmosphäre lernte ich bei
dem Besuch in Italien, der die Erzählung zeitigte, kennen,
und die Tendenz der Novelle gegen menschliche Entwürdigung und Willenszwang ist denn auch in der vorhitlerischen,
nationalistisch-faschistischen Sphäre Deutschlands klar genug
empfunden worden, so dass in diesen Kreisen die Erzählung
heftig abgelehnt wurde. Immerhin, sie ist in ihrer Gesamtheit
als Kunstwerk zu betrachten, nicht als tagespolitische Alle-
gorie." [43]

Tendenz gegen Entwürdigung und Willens-zwang

---

42   Zit. nach: Pörnbacher, *Thomas Mann. Mario und der Zauberer*, S. 42
43   Brief an Hans Flesch, 1941. Zit. nach Pörnbacher, *Thomas Mann. Mario und der Zauberer*, S. 48

4.7   Interpretationsansätze

Einem amerikanischen Interpreten seiner Erzählung schrieb Mann:

„Dank für ihre feine, gescheite Analyse von *Mario und der Zauberer*. Ich selbst habe immer noch etwas übrig für diese Geschichte. Als ich sie schrieb, glaubte ich nicht, dass Cipolla in Deutschland möglich sei. Es war eine patriotische Überschätzung meiner Nation. Schon die gereizte Art, in der die Kritik die Erzählung aufnahm, hätte mir zeigen sollen, wohin die Reise ging, und was alles auch in dem ‚gebildetsten' Volk – gerade ihm – möglich sein werde.

„Kampfhandlung gegen europäische Gesamtatmosphäre"

Übrigens zweifle ich heute an meinem guten Glauben. Im Grunde war die Novelle wohl eine erste Kampfhandlung gegen das, was damals schon die europäische Gesamtatmosphäre erfüllte und durch den Krieg nicht restlos aus ihr vertrieben worden ist."[44]

Mario und der Zauberer – eine politische Novelle

Anders als Thomas Mann verwiesen frühe Kritiker der Novelle auf die Möglichkeit einer eindeutig politischen Lesart. In einer Rezension kurz nach Erscheinen verweist Julius Bab auf den politischen Gehalt der Novelle:

Sinnbildliche Stärke der Novelle

„Alles ist geschwängert von posierender Großartigkeit, nationalistischer Unduldsamkeit und einer tyrannischen Gewalttätigkeit, die gleichsam von oben nach unten auf die ganze Nation träuft. Dieser bucklige Zauberer, der mit seiner Suggestionsstärke die Menschen vergewaltigt, mit einer wippenden Reitpeitsche jedes Selbstgefühl unterjocht, er wird schließlich zur

––– ––– –––

44 20.4.1947. Zit. nach: Pörnbacher: *Thomas Mann. Mario und der Zauberer*, S. 50

4.7   Interpretationsansätze

spukhaften Karikatur des hier viel genannten großen Mannes, der heute mit etwas, aber nicht sehr, anderen Mitteln sein ganzes Volk und die halbe Welt in Suggestion hält. Am Ende aber bricht die Empörung der geschändeten Seele aus. ‚Ein Ende mit Schrecken, ein höchst fatales Ende und ein befreiendes Ende dennoch. Ich konnte und kann nicht umhin, es so zu empfinden!‘ Sicherlich, es wäre falsch, zu behaupten, Thomas Mann habe hier bewusst etwas Politisches versinnbildlichen wollen. Wahrscheinlich ist die Sache mit dem Zauberkünstler wirklich so ähnlich passiert. Aber eben deshalb hat sie sinnbildliche Stärke! Wenn Mussolini etwas von Kunst verstände, müsste er diese Novelle in Italien verbieten lassen."[45]

Einen politischen Gehalt in der Novelle vermutet auch der Kritiker Bernard Guillemin:

„Auf den ersten Blick besteht nur eine ziemlich lose Verbindung [zwischen dem ersten und zweiten Teil der Erzählung], keine organische Proportion. Sehr genau, sehr überzeugend und lebensecht wird uns die unbehagliche, sonderbar überreizte und (um ein Lieblingswort Mussolinis zu gebrauchen) ‚erhitzte‘ Stimmung in einem kleinen italienischen Seebad geschildert. Diese Schilderung nimmt fast ein Drittel der Novelle ein, die im Übrigen von einem Zauberer und seinen Darbietungen handelt. Und zuerst hält man die unverhältnismäßig breit ausgesponnene Ouvertüre als nicht zum Thema gehörig, bis man allerdings zu ahnen beginnt, dass vielleicht doch eine untergründige Beziehung besteht zwischen ihr und dem Folgenden.

„Breit ausgesponnene Ouvertüre"

---

45   Zit. nach: Pörnbacher, *Thomas Mann. Mario und der Zauberer*, S. 44 f.

1 SCHNELL-
   ÜBERSICHT

2 THOMAS MANN:
   LEBEN UND WERK

3 TONIO KRÖGER
   TEXTANALYSE UND -INTERPRETATION

4.7   Interpretationsansätze

Cipolla gehört
„höherem
Typus" an

    Denn es folgt zwar das Auftreten des Magiers Cipolla, es folgen allerhand fragwürdige Kunststücke, die ganz für sich zu stehen scheinen – und tatsächlich will dieser Cipolla, der seine hypnotische Begabung auf die taktloseste und gefährlichste Weise missbraucht und schließlich von einem Opfer seiner entwürdigenden Hänseleien erschossen wird, nichts anderes sein als er selbst. Doch obzwar er nur sich selbst ähnlich ist, gehört er, entkleidet man ihn seiner scharf umrissenen konkreten Individualität, einem größeren und höheren Typus an, mit dem er den rhetorischen Glanz, das rattenfängerische Wesen, die wirksame Zauberei der Schlagworte und Formeln, die Kunst der Willensentziehung und -aufnötigung, die bewundernswerte, aber auch gefährliche Fähigkeit der ‚Erhitzung‘, die heute sein Volk immer lauter und selbstgewisser zu beherrschen scheinen, vertretungsweise gemein hat. Und so weist Cipolla, auf eine freilich sehr undeutliche, versteckte und geheimnisvolle Weise, zugleich über sich selbst hinaus." [46]

Die Figur Cipolla als Faschist

Wie die Rezensenten interpretieren auch die Literaturwissenschaftler die Novelle als einen Beitrag von Thomas Mann zur Auseinandersetzung mit dem Faschismus. So zeigt Hans Mayer die Nähe Cipollas zum Faschismus auf:

„Der Herr Cipolla blendet die Geister und verwirrt die Gefühle. Er ist ein Verzauberer, aber er ist vor allem ein Faschist. [...] Die Affäre des Herrn Cipolla gehört in einen umfangreichen Erlebnisbereich. [...] Alles ist unecht, unnatürlich vom ersten Augenblick an: die Kriecherei der Hotelverwaltung, die kramp-

---

46   Ebd., S. 46

THOMAS MANN

4.7 Interpretationsansätze

fige und törichte Römertugend der faschistischen Nutznießer am Badestrand, die Spitzelei und Feigheit der Behörden. Das abscheuliche Treiben des Hypnotiseurs gehört organisch in diesen Rahmen einer unorganisch lebenden Umwelt. [...]

Bezeichnend ist aber auch die Reaktion der Unterworfenen, die ein solches Spiel mit sich treiben lassen. Die Kinder zwar sehen in allem nur das Theater und Spektakel. Sie nehmen nicht ernst, was eigentlich in seiner Unnatürlichkeit und Unechtheit, in seiner Unmenschlichkeit auch gar nicht ernst genommen werden darf. Anders die Erwachsenen. Sie müssten eigentlich pfeifen, das Schauspiel als solches ablehnen, dem Spuk im Namen ihrer geistigen Selbständigkeit ein Ende machen. Das tun sie keineswegs. Sie spielen mit – als Opfer, die sie sein wollen. Freiwillig vollziehen sie die Abdankung des Willens: den Erzähler Thomas Mann mit eingeschlossen. Warum erhebt er sich eigentlich nicht, den Saal zu verlassen, als nur allzu klar geworden ist, was hier gespielt wird? Das fragt er sich selbst; aber er bleibt sitzen. Seine Neugierde grenzt schon an Verfallensein und Schwächung des Willens. Er bleibt auch hier mitten im faschistischen Spuk, ganz wie er vorher bereits trotz aller peinlichen Erlebnisse in diesem Badeort, diesem Lande geblieben war. Sein Verhalten im Theatersaal stimmt zusammen mit diesem ganzen Vorgang eines halben Mitmachens, das er die ganze Zeit beibehält. Was nützt es ihm also, wenn er den Spuk beobachtet und analysiert, solange er nichts tut, ihn aus dem eigenen Lebenskreis dadurch auszusperren, dass er aufsteht und nicht mehr mitmacht!

> Freiwillige Abdankung des Willens

Es zeigt sich nämlich, dass man nicht halb dem Zauberer zu widerstehen vermag. Hier gibt es nur ganzen Widerstand oder ganze Preisgabe. Das zeigt sich am Beispiel des ‚Herrn aus Rom'. Er gehört offenbar der bürgerlichen Klasse an,

4.7   Interpretationsansätze

will aber dem Zauberer, also dem Faschismus, ein Nein entgegensetzen. Unter dem Willen des schmierigen Magiers will er nicht tanzen. Aber es genügt nicht, dass man den fremden Willen ablehnt, solange man ihm keinen eigenen positiven Willen entgegenzusetzen hat. Die Freiheit des Nichtswollens bleibt leer und abstrakt, wenn sie sich nicht mit realen Inhalten verbunden weiß. An der ‚Negativität' seiner Kampfposition scheitert schließlich der bürgerliche Antifaschismus. Er tanzt, nach kurzem Widerstreben, endlich doch im Takt der Reitpeitsche. Das ist ein neuer Blick Thomas Manns auf die politische und gesellschaftliche Rolle des Bürgertums. Gar nicht zu erwähnen braucht man die so genannten Oberschichten im Publikum des Theatersaales. Da gibt es natürlich die ‚gute Gesellschaft' des faschistischen Regimes. Neben ihnen aber sitzen die wohlhabenden Badegäste aus dem Auslande, die englisch und französisch sprechen. Keiner von ihnen denkt daran, dem Seelenverführer Einhalt zu gebieten. Sie machen mit, sie tanzen in Wollust und Hingabe, drängen sich sogar, wie jene englische Dame, nahezu ungerufen in den Kreis der Verzauberung."[47]

Manns neuer Blick auf politische Rolle des Bürgertums

Kurzke stellt die Frage nach dem Verhältnis von Faschismus und Dekadenz und dem möglichen Widerstand gegen Cipolla:

Welt der Vorstellung vs. Welt als Wille

„Das ethische Problem ist die Frage nach der Widerstandskraft des vernünftigen bürgerlichen Individuums. Es lässt sich in der Terminologie Schopenhauers formulieren: Welche Chancen hat die Welt der Vorstellung, sich gegen die Welt als Wille zu behaupten. Sie ist gering. Das Urteil über die Welt vom Stand der Vorstellung leitet in der Erzählung eine Reihe von Gestal-

---

47 Zit. nach: Hans Mayer, *Thomas Mann*, Frankfurt a. M. 1984, S. 166–169

4.7 Interpretationsansätze

ten, die sich kraft ihrer Vernunft gegen die Verführung des Hypnotiseurs behaupten wollen. Es sind dies der Giovanotto, der dem Publikum die Zunge zeigen muss, der trotzige Herr aus Rom, der seine Willensfreiheit vergeblich erprobt und am Ende doch tanzen muss, und der Colonello, der den Arm nicht mehr heben kann. Cipolla aber beweist, dass die Welt als Wille stärker ist. Er ist der Verführer zur tieferen Wahrheit des Seins. Denn eigentlich vergewaltigt er seine Opfer nicht, sondern erfüllt ihren tiefen Wunsch, sich gehen zu lassen und die anstrengende Haltung der Vernunft, der Form, der Gesittung preiszugeben. […] Seine Wirkung gibt sich als befreiende, nicht als zwingende. […] Die eigentliche ‚Vergewaltigung', wie Cipolla sagt, ist vielmehr die ‚mündige Freiheit des Individuums'. Sie ist wie bei Schopenhauer nur eine Illusion. Sie aufzugeben bedeutet Vergnügen und orgiastische Lust. […]

Cipolla: „Verführer zur tieferen Wahrheit"

Der Verführer Cipolla ist eine Künstlergestalt. Es mangelt ihm an körperlicher Konkurrenzfähigkeit. Sein Motiv ist deshalb die Rache des zu kurz gekommenen Geistes am Leben. […] Er ist ein dekadenter Künstler, körperlich verfallen und mit schlechten Zähnen, der die Willensanspannung seines Geistes nur mit Hilfe von Narkotika aufrechterhalten kann. […] Er ist […] ein Leistungsethiker, der, narzisstisch wie Thomas Mann, davon ausgeht, dass nur er leidet (weil er vom Leben ausgeschlossen ist), nicht seine ‚Opfer', dass diese vielmehr die Lust erhalten, die ihm versagt ist. […]

Cipolla: dekadenter Künstler

Wie steht es […] mit der Beziehung zum Faschismus? Sie ist vorhanden, aber nicht im Sinne einer realistischen Spiegelung des faschistischen Italien, auch nicht in dem differenzierten Sinne, dass Mann mit Cipolla die faschistische Ästhetisierung der Politik habe zeigen wollen […], sondern in indirekter Form, sofern die Novelle und die Faschismustheorie sich in dem Drit-

4.7   Interpretationsansätze

Faschismus als Dekadenzprodukt

ten begegnen: der von Nietzsche inspirierten und auf Schopenhauers Grundvorstellung aufruhenden Dekadenzanalyse. Auch der Faschismus ist ein Dekadenzprodukt, geboren aus der tiefen Sehnsucht nach Befreiung von den Anstrengungen der Vernünftigkeit. Cipolla ist Faschist, sofern er, wie der Künstlerbruder Hitler, diesen Irrationalismus organisiert. Das Volk aber ist dafür empfänglich. Es wird nicht einfach hypnotisch vergewaltigt, sondern in seinem tiefsten Wesen angesprochen."[48]

---

48   Kurzke, *Thomas Mann. Epoche – Werk – Wirkung,* München 1985, S. 229–231

5. REZEPTIONSGESCHICHTE

ZUSAMMEN-
FASSUNG

Die zeitgenössische Kritik setzt in ihren Besprechungen der
beiden Werke Thomas Manns unterschiedliche Akzente. Bei
Tonio Kröger steht vor allem die Künstlerproblematik und
die mit ihr verbundene Subjektivität im Vordergrund. Die
Rezensionen zu *Mario und der Zauberer* zeigen hohe Erwar-
tungshaltungen gegenüber der Novelle, da sie als das erste
Prosawerk nach der Verleihung des Nobelpreises (Februar
1929) an den Autor erschien. Sie gehen insbesondere auf die
politische Dimension und die Psychologie der Erzählung ein.

Tonio Kröger – Zeitgenössische Rezensionen

G. Keyssner beschäftigt sich in seinem Artikel in den „Münchner Neuesten Nachrichten" vom 5. August 1903 vor allem mit der
Frage nach dem **Verhältnis des Künstlers zum Leben**:

„Wohl am tiefsten erfasst und am ergreifendsten gestaltet ist
das Künstlerproblem in *Tonio Kröger*. Man kann *Tonio Kröger*
als ein Nachwort zu den *Buddenbrooks* bezeichnen; gar man-
che Einzelheiten, die dem Roman und der Novelle gemeinsam
sind, lassen erraten, dass die Novelle eine Art Selbstporträt und   *Tonio Kröger*
Autobiografie des Verfassers der *Buddenbrooks* ist, ins Typische   als Selbstporträt
erweitert und ins Ewiggültige vertieft. Hier vor allem hat der   des Autors
Dichter Gerichtstag über sich selbst gehalten:
   Der Dichter – nicht Thomas Mann, sondern der moderne
Schriftsteller, dessen Auffassung seiner Berufspflicht, nach der
formalen Seite durch das Vorbild selbstquälerischer französischer
Artisten wie Flaubert, nach der ethischen Seite durch die ‚heilige

1 SCHNELL-
   ÜBERSICHT

2 THOMAS MANN:
   LEBEN UND WERK

3 TONIO KRÖGER
   TEXTANALYSE UND -INTERPRETATION

Literatur' der Russen, eines Tolstoj und Dostojewski aufs Höchste verfeinert, ihn empfindlicher noch als die Dichter früherer Zeiten macht, gegen den Zwiespalt zwischen seinem Liebesbedürfnis und dem Egoismus der künstlerischen Produktion, gegen die Weite des Abstandes, den er, um den Überblick zu behalten, dem Leben gegenüber einnehmen muss, und der ihn von diesem Leben trennt, das er umarmen möchte, und das er nach dem Verhängnis seiner Begabung nur betrachten und schildern darf. [...]

Nähe zu
Nietzsche

Was er [Th. Mann] Tonio Kröger über den Beruf des Künstlers und über des Künstlers Kranken an seinem Beruf, über die Antinomien des künstlerischen Schaffens sagen lässt, erinnert er in der Schärfe und Richtigkeit der Analyse, in dem Reichtum und der Prägnanz des Wortes an die glänzendsten Stücke bei Nietzsche." [49]

Zum Novellenband *Tristan. Sechs Novellen*, in dem *Tonio Kröger* 1903 publiziert wurde, urteilt Eduard Goldbeck in seiner Rezension **„Der Kampf mit dem Leben"** über Manns ‚kleinliche Subjektivität'. Sie erschien am 11. April 1904 im „Leipziger Tageblatt":

„Sein Novellenband könnte den Gesamttitel tragen ‚Der Kampf mit dem Leben'. Immer ist es ein Unglücklicher, der mit dem Leben ringt und ihm unterliegt. Nur eine Möglichkeit gibt es, sich mit dem Leben abzufinden. Diese Möglichkeit und ihr qualvolles Glück gewährt die Kunst. Nur die Unbewussten, die Animalischen, die haben es wirklich gut. Sie sind eins mit dem Leben und brauchen den Kampf nicht zu führen, in dem uns kein Sieg winkt.

Schade, dass ich es sagen muss: Es sind Gedanken und Empfindungen eines Schwächlings, die Mann hin und her wälzt. Es

---

49 *Münchner Neueste Nachrichten*, Bd. 56 Nr. 360, Spalte ‚Belletristisches'

4 MARIO UND DER ZAUBERER
TEXTANALYSE UND -INTERPRETATION

5 REZEPTIONS-
GESCHICHTE

6 MATERIALIEN

7 PRÜFUNGS-
AUFGABEN

scheint, als fehle ihm wirklich die robuste Faust. Die Ereignisse der Zeit dringen nicht zu ihm, wühlen ihn nicht auf, er steckt noch im Allerpersönlichsten und so bewundernswürdig seine bisherigen Arbeiten sind, er ist doch ein bisschen Kaffeehaus- literat. Er blickt nur in sich hinein, er sollte auch einmal auf sein Volk blicken. Will er Großes wirken, so muss er sich von dem Problem, von dem er jetzt ganz besessen ist, loslösen und die kleinliche Subjektivität ablegen. Noch ist er allzu menschlich, er muss menschlich werden."[50]

Thomas Mann: „ein Kaffeehaus- literat"

Mario und der Zauberer – Zeitgenössische Rezensionen

Stephan Ehrenzweig lobt in seiner Besprechung in der Wochenschrift „Das Tagebuch" 1930 die **psychologische Feinfühligkeit**, mit der Thomas Mann die Figur des Cipolla zeichnet:

„Ohne eine Spur von Redseligkeit, mit einer geradezu keuschen Noblesse des Ausdrucks ist hier ein kaum erreichbares Musterbeispiel von künstlerischer Psychologie geschaffen. Kühle des Ausdrucks? Überfeinerung des Stils? Ja, aber ohne eine Spur von Frostigkeit. Literatur? Ja, und dreimal ja! Literatur im höchsten, besten Sinne, im Sinne eines einsamen Niveaus, das dennoch gesegnet ist mit dem Segen der vollkommenen Zugänglichkeit –: wie ein Stück Natur liegen die komplizierten, vielfältigen seelischen Vorgänge in diesem Saale zutage. Nichts wird angetastet, und nichts bleibt unklar. […] *Mario und der Zauberer* ist ein vollendetes kleines Meisterwerk, und für uns, die wir an seinem großen Meister schon zweifeln wollten, ist die Novelle noch mehr: ein hocherfreulicher und überraschender Beweis für die Integrität von ihres Autors lebenskräftiger Künstlerschaft, der man nach

Mario und der Zauberer: ein Meisterwerk

---

50 *Leipziger Tageblatt*, Nr. 10, S. 39, Beilage ‚Mußestunden'

1 SCHNELL-
ÜBERSICHT

2 THOMAS MANN:
LEBEN UND WERK

3 TONIO KRÖGER
TEXTANALYSE UND -INTERPRETATION

diesem gleich reifen wie frischen Werk mit dem jungen Grün spontanen Beifalls ebenso gerecht wird, wie man es mit dem Purpur des Nobelpreises längst geworden ist."[51]

Auf die **politische Dimension der Novelle** geht – ebenfalls im „Tagebuch" 1930 – Stefan Grossmann in seiner Rezension ein:

„Dazu kommt am Ende der Zauberer, dieser unangenehme, humorlose, pathetische, anmaßende Rhetor, dem schließlich alle gehorchen. Warum? ‚Wahrscheinlich kann man vom Nichtwollen seelisch nicht leben; eine Sache nicht tun wollen, das ist auf die Dauer kein Lebensinhalt; etwas nicht wollen und überhaupt nicht mehr wollen, also das Geforderte dennoch tun, das liegt vielleicht zu benachbart' (S. 118). In der Erzählung Manns gelten diese Sätze dem Hypnotiseur Cipolla, aber können sie nicht auf einen viel mächtigeren italienischen Rhetor oder Zauberer oder Herrscher angewandt werden? Ist in diesen politischen Sätzen nicht der Grund für die Apathie und Folgsamkeit des italienischen Bürgertums angegeben?

Mann ist als Erzähler auch Politiker

Cipolla hat seinen Willen dem ganzen Städtchen aufgezwungen, bis ein der Hypnose Entsprungener ihn niederschießt. Dieses jähe Ende, es kann kein anderes geben, bestärkt den nachgenießenden Leser in dem Wissen, dass Mann als Erzähler immer auch Politiker ist. Man sieht, *Mario und der Zauberer* ist eine sehr spannende Sommernovelle, von jungen Damen auf dem Strande zu lesen. Aber auch Ministerpräsidenten sollten sie in den Ferienkoffer packen."[52]

---

51 Zitiert nach: Schröter, Klaus (Hrsg.), *Thomas Mann im Urteil seiner Zeit*, S. 190 f.
52 Ebd., S. 176 f.

6. MATERIALIEN

ZUSAMMEN-FASSUNG

Beide Texte, *Tonio Kröger* wie *Mario und der Zauberer*, umkreisen in vielfältiger Form die Frage nach dem Verhältnis von Kunst und Leben, Kunst und Moral, Kunst und Politik. Darum seien als Materialien Äußerungen von Thomas Mann zu diesen Komplexen zusammengestellt. Sie können mit den entsprechenden Gedanken aus dem *Tonio* bzw. dem *Mario* verglichen oder kontrastiert werden.

Das Thema „Kunst" in anderen Werken Thomas Manns

„Die Moral des Künstlers ist Sammlung, sie ist die Kraft zur egoistischen Konzentration, der Entschluss zur Form, Gestalt, Begrenzung, Körperlichkeit, zur Absage an die Freiheit, die Unendlichkeit, an das Schlummern und Weben im unbegrenzten Reich der Empfindung, – sie ist mit einem Wort der Wille zum Werk. Aber unedel und unsittlich, blutlos und widrig das Werk, das aus der kalten, klugen und tugendhaften Geschlossenheit eines Künstlertums geboren ward! Die Moral des Künstlers ist Hingebung, Irrtum und Selbstverlust, sie ist Kampf und Not, Erlebnis, Erkenntnis und Leidenschaft." [53]

Moral des Künstlers

„Auch persönlich genommen ist ja die Kunst ein erhöhtes Leben. Sie beglückt tiefer, sie verzehrt rascher. Sie gräbt in das Antlitz ihres Dieners die Spuren imaginärer und geistiger Abenteuer, und sie erzeugt, selbst bei klösterlicher Stille des äußeren Daseins, auf

Kunst als erhöhtes Leben

---

53 *Süßer Schlaf, GW* 11, S. 338

1 SCHNELL-
ÜBERSICHT

2 THOMAS MANN:
LEBEN UND WERK

3 TONIO KRÖGER
TEXTANALYSE UND -INTERPRETATION

die Dauer eine Verwöhntheit, Überfeinerung, Müdigkeit und Neugier der Nerven, wie ein Leben voll ausschweifender Leidenschaften und Genüsse sie kaum hervorzubringen vermag."[54]

„Schön ist Entschlossenheit. Aber das eigentlich fruchtbare, das produktive und also das künstlerische Prinzip nennen wir den Vorbehalt. [...] Wir lieben ihn im Geistigen als Ironie – jene nach beiden Seiten gerichtete Ironie, welche verschlagen und unverbindlich, wenn auch nicht ohne Herzlichkeit, zwischen den Gegensätzen spielt und es mit Parteinahme und Entscheidung nicht sonderlich eilig hat: voll der Vermutung, dass in großen Dingen, in Dingen des Menschen, jede Entscheidung als vorschnell und vorgültig sich erweisen möchte, dass nicht Entscheidung das Ziel ist, sondern der Einklang – welcher, wenn es sich um ewige Gegensätze handelt, im Unendlichen liegen mag, den aber jener spiegelnde Vorbehalt, Ironie genannt, in sich selber trägt, wie der Vorbehalt die Auflösung."[55]

Ironie spielt zwischen den Gegensätzen

„Unmöglich könnte ich den Künstler schelten, der erklärte, Weltverbesserung im moralischen Sinn sei nicht die Sache von seinesgleichen. Der Künstler ‚verbessere' die Welt auf eine ganz andere Weise als durch moralische Lehre, nämlich indem er sein Leben überhaupt – und auf eine stellvertretende Weise das Leben überhaupt – im Wort, im Bild, im Gedanken befestige, ihm Sinn und Form verleihe und die Erscheinung durchsichtig mache für das, was Goethe ‚des Lebens Leben' nannte: dem Geist. Unmöglich könnte ich dem widersprechen, wenn er darauf bestände, Belebung in jedem Sinn, das sei die Aufgabe der Kunst – und sonst

Aufgabe der Kunst: „Belebung in jedem Sinn"

---

54 *Der Tod in Venedig*, GW 8, S. 457
55 *Goethe und Tolstoi*, GW 9, S. 170 f.

THOMAS MANN

nichts. Bei Goethe [...] liest man klipp und klar: ‚Es ist wohl möglich, dass ein Kunstwerk moralische Folgen habe, aber vom Künstler moralische Absichten und Zwecke zu verlangen, heißt, ihm sein Handwerk verderben'." [56]

In Thomas Manns Essay Bruder *Hitler*, der 1939 publiziert wurde, finden sich folgende Passagen, die durchaus auch auf Cipolla beziehbar wären:

„Der Bursche ist eine Katastrophe; das ist kein Grund, ihn als Charakter und Schicksal nicht interessant zu finden. Wie die Umstände es fügen, dass das unergründliche Ressentiment, die tief schwärende Rachsucht des Untauglichen, Unmöglichen, zehnfach Gescheiterten, des extrem faulen, zu keiner Arbeit fähigen Dauer-Asylisten und abgewiesenen Viertelskünstlers, des ganz und gar Schlechtweggekommenen sich mit den (viel weniger berechtigten) Minderwertigkeitsgefühlen eines geschlagenen Volkes verbindet, welches mit seiner Niederlage das Rechte nicht anzufangen weiß und nur auf die Wiederherstellung seiner ‚Ehre' sinnt; wie er, der nichts gelernt hat, aus vagem und störrischem Hochmut nie etwas hat lernen wollen, der auch rein technisch und physisch nichts kann, was Männer können, kein Pferd reiten, kein Automobil oder Flugzeug lenken, nicht einmal ein Kind zeugen, das eine ausbildet, was Not tut, um jene Verbindung herzustellen: eine unsäglich inferiore, aber massenwirksame Beredsamkeit, dies platt hysterisch und komödiantisch geartete Werkzeug, womit er in der Wunde des Volkes wühlt, es durch die Verkündigung seiner beleidigten Größe rührt, es mit Verheißungen betäubt und aus dem nationalen Gemütsleiden das Vehikel seiner Größe, seines Aufstiegs zu traum-

Der „Schlecht-
weggekommene"

---

56 *Der Künstler und die Gesellschaft, GW* 10, S. 386 f.

haften Höhen, zu unumschränkter Macht, zu ungeheueren Genug-
tuungen und Über-Genugtuungen macht, – zu solcher Glorie und
schrecklichen Heiligkeit, dass jeder, der sich früher einmal an dem
Geringen, dem Unscheinbaren, dem Unerkannten versündigt, ein
Kind des Todes, ein Kind der Hölle ist. [...]

Moralische
Kasteiung als Er-
scheinungsform
des Künstlertums

Künstlertum ... Ich sprach von moralischer Kasteiung, aber
muss man nicht, ob man will oder nicht, in dem Phänomen eine
Erscheinungsform des Künstlertums wiedererkennen? Es ist, auf
eine gewisse beschämende Weise, alles da: die ‚Schwierigkeit',
Faulheit und klägliche Undefinierbarkeit der Frühe, das Nicht-
unterzubringensein, das Was-willst-du-nun-eigentlich?, das halb
blöde Hinvegetieren in tiefster sozialer und seelischer Boheme,
das im Grunde hochmütige, im Grunde sich für zu gut haltende Ab-
weisen jeder vernünftigen und ehrenwerten Tätigkeit – auf Grund
wovon? Aufgrund einer dumpfen Ahnung, vorbehalten zu sein
für etwas ganz Unbestimmbares, bei dessen Nennung, wenn es
zu nennen wäre, die Menschen in Gelächter ausbrechen würden.
Dazu das schlechte Gewissen, das Schuldgefühl, die Wut auf die
Welt, der revolutionäre Instinkt, die unterbewusste Ansammlung
explosiver Kompensationswünsche, das zäh arbeitende Bedürfnis,
sich zu rechtfertigen, zu beweisen, der Drang zur Überwältigung,
Unterwerfung, der Traum, eine in Angst, Liebe, Bewunderung,
Scham vergehende Welt zu den Füßen des einst Verschmähten
zu sehen." [57]

---

57 *GW* 12, S. 845 ff.

Thematische Parallelen gibt es zwischen *Tonio Kröger* und Thomas Manns Erzählung *Die Hungernden*, in der es heißt:

„Wir Einsamen, so hatte er irgendwo einmal in einer bekenntnisstillen Stunde geschrieben, [...] wir alle hegen eine verstohlene und verzehrende Sehnsucht in uns nach dem Harmlosen, Einfachen und Lebendigen".[58]

Sehnsucht nach dem Einfachen

In dem Text *Im Spiegel* heißt es:

„Ich [...] setzte in Zivilkleidern mein fahrlässiges Leben fort. Eine Zeit lang war ich Mitredakteur des Simplizissimus – man sieht, ich sank von Stufe zu Stufe. Ich ging in das vierte Jahrzehnt meines Lebens.

Und nun? Und heute? Ich hocke verglasten Blicks und einen wollenden Schal um den Hals mit anderen verlorenen Gesellen in einer Anarchistenkneipe? Ich liege in der Gosse, wie sich's gebührte?

Nein. Glanz umgibt mich. [...] Und wieso das alles? Wodurch? Wofür? Ich habe mich nicht geändert, nicht gebessert. [...] Ich weiß, was ein Dichter ist, denn bestätigtermaßen bin ich selber einer. Ein Dichter ist, kurz gesagt, ein auf allen Gebieten ernsthafter Tätigkeit unbedingt unbrauchbarer, einzig auf Allotria bedachter, dem Staate nicht nur nicht nützlicher, sondern sogar aufsässig gesinnter Kumpan, [...] in jedem Betrachte anrüchiger Scharlatan, der von der Gesellschaft nichts anderes sollte zu gewärtigen haben [...] als stille Verachtung. Tatsache aber ist, dass die Gesellschaft diesem Menschenschlage die Möglichkeit gewährt, es in ihrer Mitte zu Ansehen und höchstem Wohlleben zu bringen."[59]

Charakterisierung des Dichters

---

58 *GW* 8, S. 265
59 Zit. nach: Beisbart, *Thomas Mann ,Tonio Kröger'*, S. 102 f.

1 SCHNELL-
   ÜBERSICHT

2 THOMAS MANN:
   LEBEN UND WERK

3 TONIO KRÖGER
   TEXTANALYSE UND -INTERPRETATION

7. PRÜFUNGSAUFGABEN MIT MUSTERLÖSUNGEN

Unter www.königserläuterungen.de/download finden Sie im Internet zwei weitere Aufgaben mit Musterlösungen.

Die Zahl der Sternchen bezeichnet das Anforderungsniveau der jeweiligen Aufgabe.

Zu *Tonio Kröger*

Aufgabe 1 *

Wie zeichnet sich Tonio Kröger als Künstler vor den anderen (‚Blauäugigen') aus?

Mögliche Lösung in knapper Fassung:

BESCHREIBUNG

Tonio, Sohn eines angesehenen Großkaufmanns, ist ein sensibler, in sich versponnener, leicht verletzlicher Schüler, der schüchtern um die Liebe des starken, unkomplizierten, blonden Hans Hansen wirbt, denn er ist für ihn die Inkarnation des naiven, nicht angekränkelten Lebens. Das äußere Erscheinungsbild des gerade vierzehnjährigen Jungen weist bereits auf Wesenszüge hin, die sich im Laufe der Zeit immer weiter konturieren und verstärken: seine Empfindsamkeit, seine nervöse Reizbarkeit, seine Weichheit, sein verträumtes Wesen, Neigung zur Melancholie und schließlich seine innere Unsicherheit.

CHARAKTERI-
SIERUNG

Tonio hat eine künstlerische Veranlagung; er ist Außenseiter, zugleich aber sehnt er sich nach der Welt des Ordentlichen, Ge-

4 MARIO UND DER ZAUBERER
TEXTANALYSE UND -INTERPRETATION

5 REZEPTIONS-
GESCHICHTE

6 MATERIALIEN

7 PRÜFUNGS-
AUFGABEN

wöhnlichen und Lebenstüchtigen. Er fühlt sich allein und von den Ordentlichen und Gewöhnlichen ausgeschlossen, obgleich er doch kein „Zigeuner im grünen Wagen" (S. 11) sein will. sondern ein Sohn Konsul Krögers. Mit 16 Jahren verliebt er sich während der Tanzstunde in die blonde, blauäugige, lustige, lebensfrohe und aufgeschlossene Ingeborg Holm; allerdings bleibt seine Liebe zu ihr wie sein Sich-Hingezogen-Fühlen zu Hans Hansen nur reine Sehnsucht, und sie lässt ihn allenfalls „schwermütigen Neid" (S. 17) und „selige Selbstverleugnung" (S. 23) erfahren.

VERGLEICH

Tonio gehört zu denen, die mit dem Kainsmal an der Stirn geboren sind, die Gezeichneten, die der Fluch der Erkenntnis gepackt hat, die vom Erkenntnisekel heimgesucht werden. Die Blauäugigen befällt keine Melancholie, sie kennen nicht die schöpferische Qual, leben im Augenblick, ohne Selbstverachtung, sind selbstsicher und ruhen in sich. Sie genießen, ohne es eigentlich zu wissen, die „Wonnen der Gewöhnlichkeit" (S. 38), nach denen sich Tonio so sehnt.

ZUSAMMEN-
FASSUNG

Tonio, der Künstler, fühlt sich aus der eigentlichen Art zu leben, gerissen. Das simple und innige Gefühl ist ihm verschlossen. Er ist heimatlos, ein Ausgestoßener, zumindest jemand, der sich ausgestoßen vorkommt, auch wenn er nicht direkt aus der Gesellschaft ausgestoßen worden ist. Was ihn kennzeichnet und gezeichnet hat, sind „die wüsten Abenteuer der Sinne, der Nerven und des Gedankens" (S. 71), die er durchlebt hat. Er sieht sich „zerfressen von Ironie und Geist, verödet und gelähmt von Erkenntnis, halb aufgerieben von den Fiebern und Frösten des Schaffens" (S. 71). Ihm fehlt die Geborgenheit des Gewohnten und Gewöhnlichen. Er ist innerlich haltlos, fühlt sich „unter Gewissensnöten zwischen krassen Extremen, zwischen Heiligkeit und Brunst hin- und hergeworfen, raffiniert, verarmt, erschöpft von kalten künstlich erlesenen Exaltationen, verirrt, verwüstet, zermartert, krank" (S. 71).

1 SCHNELL-
ÜBERSICHT

2 THOMAS MANN:
LEBEN UND WERK

3 TONIO KRÖGER
TEXTANALYSE UND -INTERPRETATION

Aufgabe 2 ***

Welche Form des Künstlertums erreicht Tonio am Ende?

Mögliche Lösung in knapper Fassung:

Tonio Kröger sagt am Ende der Welt des reinen Künstlers ab, er ist nicht mehr der Artist. Die Kunst eines Artisten verbindet sich ihm nunmehr mit dem Außermenschlichen bzw. sogar Unmenschlichen. Stil, Form und Ausdruck erreicht der Künstler als Artist nur durch ein distanziertes Verhältnis zum Menschlichen, womit die Artistik als Kunst arm und öde wird. Sie setzt eine menschliche Verarmung voraus. Tonio will in diesem Sinne kein Künstler mehr sein. Lisaweta gegenüber äußert er sich: „Ich sage Ihnen, dass ich es oft sterbensmüde bin, das Menschliche darzustellen, ohne am Menschlichen teilzuhaben ..." (S. 32). Lisaweta nennt Tonio daraufhin einen „Bürger auf Irrwegen", einen „verirrten Bürger" (S. 41).

Um die Rückkehr ins Bürgerliche geht es also in dieser Novelle. Im Abschlussbrief Tonio Krögers zeigt sich die wiedergewonnene Versöhnung zwischen Leben, Bürgertum und Kunst. „Denn mein bürgerliches Gewissen ist es ja, was mich in allem Künstlertum, aller Außerordentlichkeit und allem Genie etwas tief Zweideutiges, tief Anrüchiges, tief Zweifelhaftes erblicken lässt, was mich mit dieser verliebten Schwäche für das Simple, Treuherzige und Angenehm-Normale, das Ungeniale und Anständige erfüllt." (S. 72 f.)

Tonio Kröger sucht also nach einer Vermittlung, d. h. nach einer Kunst oder Kunstform, die es ihm erlaubt, auch Bürger zu sein. Er sieht diese Vermittlung in einem Übergang vom ‚Literaten' zum ‚Dichter'. Er sagt darum einer „dämonischen Schönheit" und jenem Künstlertum der „Stolzen und Kalten [ab], die auf den Pfaden der großen, der dämonischen Schönheit abenteuern und dabei den

4 MARIO UND DER ZAUBERER
   TEXTANALYSE UND -INTERPRETATION

5 REZEPTIONS-
   GESCHICHTE

6 MATERIALIEN

7 PRÜFUNGS-
   AUFGABEN

‚Menschen' verachten" (S. 73). Tonio liebt den Menschen, und er stellt sich eine Existenz als Dichter vor, wo er diese Liebe, seine „Bürgerliebe zum Menschlichen, Lebendigen, Gewöhnlichen" (S. 73), ganz ausleben bzw. ausschreiben darf. Es wird eine Literatur des Humors sein, nicht mehr eine Literatur der Ironie.

Zu *Mario und der Zauberer*

Aufgabe 3 *

Welche Haltung nehmen der Ich-Erzähler und andere Erwachsene zu dem Zauberer ein?

Mögliche Lösung in knapper Fassung:

INTERPRETATION

Man wird bei der Reaktion auf den Zauberer verschiedene Arten unterscheiden müssen. Da sind zunächst die Kinder. Sie sehen zwar in allem nur das Theater und das sie begeisternde Spektakel. Sie nehmen nicht ernst, was Cipolla eigentlich in seiner Unnatürlichkeit und Unechtheit darbietet. Vor allem haben sie kein Sensorium für die Unmenschlichkeit, die sich im Handeln des Zauberers zeigt. Anders die Erwachsenen. Sie müssten eigentlich pfeifen und sich von dem Geschehen distanzieren, indem sie die Veranstaltung verlassen. Sie müssten das Schauspiel als solches ablehnen und dem Spuk im Namen ihrer geistigen Selbstständigkeit ein Ende machen. Das tun sie aber keineswegs. Sie spielen mit – als Opfer. Man könnte sogar sagen, sie wollen diese Opfer sein, durchaus eine Form des Masochismus. Freiwillig vollziehen sie die Abdankung des Willens: den Erzähler mit eingeschlossen. Es wäre doch eigentlich an ihm, sich zu erheben und den Saal zu verlassen, als nur allzu klar geworden ist, was hier gespielt wird.

1 SCHNELL-
  ÜBERSICHT

2 THOMAS MANN:
  LEBEN UND WERK

3 TONIO KRÖGER
  TEXTANALYSE UND -INTERPRETATION

Das fragt er sich selbst, bleibt aber sitzen. Seine Neugierde grenzt schon an Verfallensein und Schwächung des Willens. Er bleibt auch hier mitten im faschistischen Spuk, ganz wie er vorher bereits trotz aller peinlichen Erlebnisse in diesem Badeort, diesem Lande geblieben war. Sein Verhalten im Theatersaal stimmt zusammen mit diesem ganzen Vorgang eines halben Mitmachens, das er die ganze Zeit beibehält. Was nützt es ihm also, wenn er den Spuk beobachtet und analysiert, solange er nichts tut? Es zeigt sich nämlich, dass man nicht halb dem Zauberer zu widerstehen vermag, denn es gibt nur den ganzen Widerstand oder die ganze Preisgabe. Das zeigt sich am Beispiel des „Herrn aus Rom" (S. 117). Er gehört offenbar der bürgerlichen Klasse an, will aber dem Zauberer ein Nein entgegensetzen. Unter dem Willen des Magiers will er nicht tanzen. Aber es genügt nicht, dass man den fremden Willen ablehnt, solange man ihm keinen eigenen positiven Willen entgegenzusetzen hat. Die Freiheit des Nichtswollens bleibt leer und abstrakt. Er tanzt, nach kurzem Widerstreben, endlich doch im Takt der Reitpeitsche.

Das wirft ein bezeichnendes Licht auf Thomas Manns Einstellung zur politischen und gesellschaftlichen Rolle des Bürgertums. Gar nicht zu erwähnen braucht man die sogenannten Oberschichten im Publikum des Theatersaales. Da gibt es natürlich die ‚gute Gesellschaft' des faschistischen Regimes. Neben ihnen aber sitzen die wohlhabenden Badegäste aus dem Auslande, die englisch und französisch sprechen. Keiner von ihnen denkt daran, dem Seelenverführer Einhalt zu gebieten.

Aufgabe 4 ***

Welche Bedeutung kommt Cipolla in der Erzählung zu?

Mögliche Lösung in knapper Fassung:

Der Verführer Cipolla ist eine Künstlergestalt. Es mangelt ihm an körperlicher Konkurrenzfähigkeit, denn er leidet unter einer körperlichen Verunstaltung. Sein Motiv ist deshalb die Rache des zu kurz Gekommenen am Leben. Er ist ein dekadenter Künstler, körperlich verfallen und mit schlechten Zähnen, der die Willensanspannung seines Geistes nur mit Hilfe von Narkotika aufrechterhalten kann. Cipolla ist ein hässlicher, kränklicher Mann, eine geckenhaft übersteigerte Führer- und Verführer-Persönlichkeit, der es mit einer ungeheuren Willensanstrengung gelingt, stark zu sein, und der durch hypnotische Fähigkeiten italienische wie ausländische Gäste – darunter auch den Erzähler – wenigstens für Augenblicke ganz in seinen Bann zu ziehen vermag. Er ist – im Sprachgebrauch von Thomas Mann – ein ‚Leistungsethiker‘, der selbstverliebt davon ausgeht, dass nur er leidet, weil er sich vom Leben ausgeschlossen fühlt, nicht seine ‚Opfer‘. Seine Opfer erhalten vielmehr jene Lust, die ihm versagt ist.

CHARAKTERISIERUNG

Cipollas ist die „Person, in der sich das eigentümlich Bösartige der Stimmung auf verhängnishafte und übrigens menschlich sehr eindrucksvolle Weise zu verkörpern und bedrohlich zusammenzudrängen schien" (S. 74), so heißt es in der Erzählung. Seine „Demonstration der Willensentziehung und -aufnötigung" (S. 112) zielt auf den Abbau der personalen Würde eben jener auf ihre nationale Würde so bedachten Personen, die sich seinen Versuchen zur Verfügung stellen. Er vermag das Publikum zu formen, indem er ihm den Willen raubt und es zur Masse macht.

INTERPRETATION

1 SCHNELL-
   ÜBERSICHT

2 THOMAS MANN:
   LEBEN UND WERK

3 TONIO KRÖGER
   TEXTANALYSE UND -INTERPRETATION

Die Vorstellung des Cipolla kulminiert darin, dass er den unglücklich verliebten Kellner Mario unter hypnotischem Zwang dazu zwingt, den hässlichen Alten zu küssen, wohingegen Mario glaubt, seine Geliebte zu küssen. Mario, aus der Hypnose zu sich gekommen und sich zutiefst gedemütigt fühlend, erschießt Cipolla, während dieser den Höhepunkt seines Machtrausches lachend genießt. Diese Tat wird von dem Erzähler als Befreiung empfunden.

4 MARIO UND DER ZAUBERER
   TEXTANALYSE UND -INTERPRETATION

5 REZEPTIONS-
   GESCHICHTE

6 MATERIALIEN

7 PRÜFUNGS-
   AUFGABEN

LITERATUR

Zitierte Ausgabe:

Mann, Thomas: *Tonio Kröger / Mario und der Zauberer.* Frankfurt
am Main: Fischer Taschenbuch Verlag, [45]2010.

Werkausgaben:

Thomas Mann: *Gesammelte Werke in 13 Bdn.*, hrsg. v. Hans
Bürgin, Frankfurt 1960, 1974. → Zitiert als *GW.*

Thomas Mann: *Gesammelte Werke in Einzelbänden*, hrsg. v.
Peter de Mendelssohn, 20 Bde., Frankfurt 1980−86.

Kommentare:

Dichter über ihre Dichtungen. **Bd. 14:** Thomas Mann, hrsg. v.
Hans Wysling unter Mitwirkung v. Marianne Fischer, 3 Tle.,
Zürich/München/Frankfurt, 1975−1981.

Kurzke, Hermann: *Thomas Mann. Epoche − Werk − Wirkung,*
München 1985.

Thomas-Mann-Handbuch. Mensch und Zeit − Werk − Rezeption,
hrsg. v. Helmut Koopmann, Stuttgart 1990.

Vaget, Hans Rudolf: *Thomas-Mann-Kommentar zu sämtlichen
Erzählungen*, München 1984.

Biografisches:

Breloer, Heinrich: *Die Manns. Ein Jahrhundertroman,* Frankfurt
a. M.: S. Fischer Verlag, 2001. → Das Buch zum gleichnamigen
Film.

Breloer, Heinrich: *Unterwegs zur Familie Mann,* Frankfurt a. M.:
S. Fischer Verlag, 2001.

Bürgin, Hans/Mayer, Hans-Otto: *Thomas Mann. Eine Chronik seines Lebens,* Frankfurt 1965.

de Mendelssohn, Peter: *Der Zauberer. Das Leben des deutschen Schriftstellers Thomas Mann. Erster Teil 1875–1918,* Frankfurt a. M. 1975.

Schröter, Klaus: *Thomas Mann in Selbstzeugnissen und Bilddokumenten,* Reinbek bei Hamburg 1964.

Zum Gesamtwerk:

Baumgart, Reinhard: *Das Ironische und die Ironie in den Werken Thomas Manns,* München 1964.

Diersen, Inge: *Thomas Mann. Episches Werk – Weltanschauung – Leben,* Berlin, Weimar 1975.

Eichner, Hans: *Thomas Mann. Eine Einführung in sein Werk,* 2., veränderte Aufl., Bern 1961.

Heller, Erich: *Thomas Mann. Der ironische Deutsche,* Frankfurt a. M. 1975.

Hilscher, Eberhard: *Thomas Mann. Sein Leben und Werk,* Berlin 1983.

Jendreiek, Helmut: *Thomas Mann. Der demokratische Roman,* Düsseldorf 1977. → Eine einige Einzelinterpretationen zu zentralen Werken von Thomas Mann vereinigende, gut lesbare Darstellung.

Karthaus, Ulrich: *Thomas Mann,* Stuttgart 1994. → Eine vorzügliche, kurze, für Schüler verständlich geschriebene Einführung in das Werk von Thomas Mann.

Kolbe, Jürgen: *Heller Zauber. Thomas Mann in München 1894–1933,* München 1987.

Lehnert, Herbert: *Thomas Mann. Fiktion, Mythos, Religion,* Stuttgart 1965.

Mayer, Hans: *Thomas Mann*, Frankfurt a. M. 1984. → Ein Band,
der verschiedene Beiträge von Hans Mayer zum Werk von
Thomas Mann zusammenfasst.

Schröter, Klaus (Hrsg.): *Thomas Mann im Urteil seiner Zeit.
Dokumente 1891–1955.* Frankfurt a. M. 2000.

Zu *Tonio Kröger*:

Baumgart, Reinhard: *Das Ironische und die Ironie in den Werken
Thomas Manns*, München 1964, S. 105–116.

Beisbart, Ortwin: *Thomas Manns ‚Tonio Kröger'*. In: Jakob
Lehmann (Hrsg.): Deutsche Novellen von Goethe bis Walser.
Interpretationen für den Deutschunterricht. Bd. 2: Von Fontane
bis Walser. Königstein i. Ts. 1980, S. 101–124. → Eine für
Schüler leicht zugängliche Arbeit.

Bellmann, Werner: *Thomas Mann: Tonio Kröger. Erläuterungen
und Dokumente*, Stuttgart 1983. → Wichtige Erläuterungen
und Zeugnisse zur Entstehung und Rezeption der Erzählung
von Thomas Mann.

Bräutigam, Kurt: *Thomas Mann. Tonio Kröger*, München 1969.

Geißler, Rolf: *Kunst und Künstler in der bürgerlichen Gesellschaft.
Eine Unterrichtsreihe über Goethes Torquato Tasso, Grill-
parzers Sappho, E. T. A. Hoffmanns Kreisleriana, Buschs Balduin
Bählamm, Wedekinds Der Kammersänger und Thomas Manns
Tonio Kröger*. In: Literatur für Leser (1978) H. 2, S. 130–164.

Heller, Erich: *Tonio Kröger und der tödliche Lorbeerbaum*. In:
Hamburger Akademische Rundschau 2 (1948) H. 11/12,
S. 569–585.

Klussmann, Paul Gerhard: *Die Struktur des Leitmotivs in Thomas
Manns Erzählprosa*. In: Thomas Mann. Erzählungen und
Novellen, hrsg. v. Rudolf Wolff. Bonn 1984, S. 8–26.

Koopmann, Helmut: *Hanno Buddenbrook, Tonio Kröger und Tadzio. Anfang und Begründung des Mythos im Werk von Thomas Mann.* In: Gedenkschrift für Thomas Mann 1875–1975, hrsg. v. Rolf Wiecker. Kopenhagen 1975, S. 53–65.

Kurzke, Hermann: *Thomas Mann: Tonio Kröger.* In: Interpretationen: Erzählungen des 20. Jahrhunderts. Bd. 1, Stuttgart 1996, S. 38–54. → Ein gut lesbarer Beitrag zu Tonio Kröger.

Lehnert, Herbert: *Tristan, Tonio Kröger und Der Tod in Venedig. Ein Strukturvergleich.* In: Orbis litterarum 24 (1969), S. 271–304.

Ohl, Hubert: *Das Meer und die Kunst. Über den Zusammenhang von Erzählstruktur und Symbolik in Thomas Manns Novelle ‚Tonio Kröger'.* In: Literatur in Wissenschaft und Unterricht 22 (1989), S. 99–116.

Pütz, Peter: *Kunst und Künstlerexistenz bei Nietzsche und Thomas Mann. Zum Problem des ästhetischen Perspektivismus in der Moderne,* Bonn 1963, S. 67–75.

Reed, T. J.: *Text and History: Tonio Kröger and the Politics of Four Decades.* In: Publications of the English Goethe Society 57 (1986/87), S. 39–54.

Reich-Ranicki, Marcel: *Eine Jahrhunderterzählung: Tonio Kröger.* In: Marcel Reich-Ranicki: Thomas Mann und die Seinen. Stuttgart 1987, S. 93–108.

Seitz, Gabriele: *Film als Rezeptionsform von Literatur. Zum Problem der Verfilmung von Thomas Manns Erzählungen Tonio Kröger, Wälsungenblut und Der Tod in Venedig,* München 1979.

Walser, Martin: *Selbstbewusstsein und Ironie. Frankfurter Vorlesungen,* Frankfurt a. M. 1981.

Wild, Inge: *Thomas Mann: Tonio Kröger*, Frankfurt a. M. 1994.
→ Eine nicht nur für Schüler verständlich geschriebene
Interpretation zu *Tonio Kröger*.

Wysling, Hans: *Thomas Mann: Tonio Kröger*. In: Kindlers
Literatur Lexikon, Bd. 21, S. 9439.

Zimmermann, Werner: *Thomas Mann. Tonio Kröger*. In: Werner
Zimmermann: Deutsche Prosadichtungen unseres Jahrhunderts. Interpretationen für Lehrende und Lernende, Düsseldorf
1971, S. 100–124. → Eine frühe, aber immer noch aussage-
kräftige und aspektreiche Interpretation.

Zu *Mario und der Zauberer*:

Bance, A.: *The Narrator in Thomas Mann's ,Mario und
der Zauberer'*. In: Modern Language Review 82 (1987),
S. 382–398.

Böhme, H.: *Thomas Mann: Mario und der Zauberer. Positionen
des Erzählers und Psychologie der Herrschaft*. In: Stationen der
Thomas-Mann-Forschung, hrsg. v. Hermann Kurzke. Würz-
burg 1985, S. 166–189.

Freese, Wolfgang: *Thomas Mann und seine Leser. Zum Verhältnis
von Antifaschismus und Leseerwartung in Mario und der Zauberer*. In: Deutsche Vierteljahresschrift für Literaturwissenschaft
und Geistesgeschichte 51 (1977), S. 659–675.

Eigler, F.: *Die ästhetische Inszenierung von Macht: Thomas Manns
Novelle ,Mario und der Zauberer'*. In: Heinrich Mann Jahr-
buch 2 (1984), S. 172–183.

Imhof, Eugen: *Thomas Mann: Mario und der Zauberer*. In: Der
Deutschunterricht 4 (1952) H. 6, S. 59–69.

Leneaux, G. F.: *Mario und der Zauberer: The Narration of Seduction or the Seduction of Narration?*. In: Orbis Litterarum 40 (1985), S. 327–347.

Matter, Harry: *Mario und der Zauberer. Die Bedeutung der Novelle im Schaffen Thomas Manns*. In: Weimarer Beiträge. Zeitschrift für Deutsche Literaturgeschichte 6 (1960), S. 580–596.

Mayer, Hans: *Thomas Mann*. Frankfurt a. M. 1984, S. 162–170.

Müller-Salget, Klaus: *Der Tod in Torre di Venere – Spiegelungen und Deutung des italienischen Faschismus in Thomas Manns ‚Mario und der Zauberer‘*. In: arcadia 18 (1983), S. 50–65.

Pörnbacher, Karl: *Thomas Mann ‚Mario und der Zauberer‘. Erläuterungen und Dokumente*, Stuttgart 1980.

Sautermeister, Gert: *Thomas Mann: Mario und der Zauberer*, München 1981. → Eine vor allem nach der politischen Aussage der Erzählung fragende Interpretation.

Schwarz, Egon: *Fascism and Society. Remarks on Thomas Mann's Novella ‚Mario and the Magician‘*. In: Michigan Germanic Studies. Vol. 2, Nr. 1 (1976), S. 47–67.

Zimmermann, Werner: *Thomas Mann. Mario und der Zauberer*. In: Werner Zimmermann, Deutsche Prosadichtungen unseres Jahrhunderts. Interpretationen für Lehrende und Lernende, Düsseldorf 1971, S. 284–305.

Internet-Adressen:
http://www.buddenbrookhaus.de
  → Dauerausstellung zu Thomas und Heinrich Mann
http://www.tma.ethz.ch
  → Website des Thomas-Mann-Archivs
http://www.bibliothek.uni-augsburg.de/fachinformation/
germanistik/sondersamml/jonas/
  → ca. 4000 Artikel und Rezensionen zu Thomas Mann

Tonio Kröger – **Verfilmung:**
Tonio Kröger. BRD 1964.
    Regie: Rolf Thiele.
    Drehbuch: Ennio Flaiano, Erika Mann.

Mario und der Zauberer – **Verfilmungen:**
Mario und der Zauberer. ČSR (Verfilmung für das Fernsehen) 1978
    Regie: Miloslav Luther.
Mario und der Zauberer. Österreich/Frankreich/BRD 1994.
    Regie: Klaus Maria Brandauer.
    Drehbuch: Klaus Maria Brandauer, Burt Weinshanker.

Thomas Mann und seine Familie – **Verfilmung:**
Die Manns. Ein Jahrhundertroman. BRD (Verfilmung für das
    Fernsehen) 2001.
    Dokumentardrama von Heinrich Breloer und Horst Königstein.

STICHWORTVERZEICHNIS